Petite histoire du Saint-Esprit

DU MÊME AUTEUR

Jésus, je t'écris, Éditions Les Amis de Crespiat, 2008
Dieu, je t'écris, Éditions Les Amis de Crespiat, 2009
Saint François de Sales. L'amour au cœur, Éditions Le Vieil Annecy, 2002
Et la parole prend chair, Cerf, 2002
Frère François. Le saint d'Assise, avec Gérard Bessière, Gallimard, coll. « Découvertes Gallimard » (n° 354), série religions, 1998

Ouvrages de poésie

Haïkus d'amour, 2010
Vertige de l'instant, 2011
Chut, il parle le silence, 2012
Tel un ruisseau, coule le temps, 2014

Ouvrages disponibles à Atelier Joëlle Vulliez-Matringe, 69 chemin du Brochaillon, 69126 Brindas.

http://www.art-vulliezmatringe.odexpo.com

Hyacinthe Vulliez

Petite histoire du Saint-Esprit

Préface de Gabriel Ringlet

Salvator
103, rue Notre-Dame-des-Champs
F-75006 Paris

Copyright: Les passages bibliques cités dans cet ouvrage sont extraits de la Bible Osty (trad. Émile Osty et Joseph Trinquet, 1973)

Yves Briend Éditeur, SA
103 rue Notre-Dame-des-Champs F-75006 Paris
www.editions-salvator.com
contact@editions-salvator.com

Maquette intérieure : Atlant'Communication
Maquette de Couverture : Isabelle de Senilhes

ISBN : 978-2-7067-1255-5

PRÉFACE

« À pas de porcelaine »

Quand je dois revisiter un passage d'Évangile, il m'arrive souvent de me demander : « Qu'en dit Hyacinthe Vulliez ? » Et cela depuis des décennies. Car, aujourd'hui encore, je me replonge régulièrement dans le commentaire original qu'il n'a cessé de m'offrir, en connivence avec son comparse de toujours, Gérard Bessière. Comme ils m'ont marqué, ces deux-là ! Et comme ils s'y entendent à faire rimer Évangile et actualité. Du coup, quand Hyacinthe Vulliez nous propose une *Petite histoire du Saint-Esprit*, on peut deviner avec quelle attention je m'empresse de rejoindre son texte. En partant, je l'avoue, d'un dangereux *a priori* : « Je parie que la jeunesse de son interprétation va encore me surprendre ! » Et je ne me suis pas trompé… Quel plaisir et quelle joie de lui voir tisser ce beau vêtement coloré où il croise harmonieusement des fils de couleur biblique, poétique et d'actualité.

Il suffit de parcourir la bibliographie de Hyacinthe Vulliez pour savoir que la Bible est un pays qu'il affectionne depuis longtemps. Quelle chance de le voir naviguer ainsi de la Genèse aux Épîtres de saint Paul, en révélant au lecteur les chemins parfois inattendus d'un Esprit qu'il nous raconte avec vivacité. Et en sachant mettre la légèreté de son écriture au service d'une érudition bien tempérée.

Mais le pays biblique est aussi, bien entendu, et peut-être même d'abord, un pays poétique. Et là, l'Esprit saint a trouvé, si j'ose dire, un porte-parole convainquant. C'est que le Hyacinthe exégète est aussi un Hyacinthe poète. Comment oublier ses albums de haïkus ou encore, il y a quelques années, les quatre-vingt-dix poèmes offerts, pour ses quatre-vingt-dix ans, à ses neveux et nièces, petits neveux et petites nièces. Quoi de plus normal qu'il voit alors l'Esprit comme le « Poète du Père » et qu'il en parle, lui aussi, en poète.

Mais cet Esprit-Poète dont il suit le voyage, non seulement dans la Bible mais également dans la Tradition de l'Église, Hyacinthe Vulliez le rejoint encore en pleine actualité. Toute l'actualité. Et c'est là un des beaux apports de son livre. L'actualité ecclésiale, certainement. On lira par exemple, avec grand intérêt, les pages qu'il consacre au spiritisme, au pentecôtisme, au charismatisme mais aussi à la vitalité de petites communautés et groupes informels qui sont, peut-être, plus que jamais, l'avenir de l'Église. Une actualité que l'auteur n'enferme pas dans le nombrilisme d'interrogations trop internes à l'institution. L'Esprit n'est pas qu'affaire d'Église et de religion. Il concerne le monde. Y compris le monde non-croyant. Est-ce pour cela qu'à la différence de tant de regards pessimistes, Hyacinthe Vulliez propose une analyse bien plus nuancée de la mondialisation, en y voyant de nouvelles possibilités de rencontres et de solidarité ? Comme Amin Maalouf, il fait preuve de sympathie critique face à la chance de métissages et d'échanges planétaires.

Cet Esprit que l'ancien journaliste de *La Vie* célèbre si chaleureusement, faut-il s'étonner qu'à ses yeux il souffle aujourd'hui… jusqu'au Vatican ! L'occasion de nous proposer quelques belles pages sur le pape François, un « dévot de l'Esprit saint », dont il admire le courage, l'ouverture et la volonté de rendre dignité aux plus méprisés.

Hyacinthe Vulliez pose encore une question qu'il place, dit-il, au cœur de son propos : « Peut-on donner un nom à l'Esprit ? », lui qui est évoqué trois cent soixante-quinze fois dans le seul Nouveau Testament. La prière-poème de brise et de braise qui clôture l'ouvrage, encourage à nommer et à nommer encore le déjà « bien nommé », comme s'y autorise d'ailleurs un autre poète, Gilles Baudry, moine bénédictin à l'abbaye de Landévennec. Parlant de Dieu, mais on peut dire l'Esprit, Frère Gilles pense qu'il vient délicatement nous « effleurer l'épaule » et qu'on ne peut l'approcher qu'« à pas de porcelaine ». Comment savoir si c'est bien lui ? Réponse du moine-poète :

De l'âme d'un violon oseriez-vous
relever les empreintes digitales ?

Dans ce livre où Hyacinthe suit l'Esprit à la trace, il a bien soin de ne pas en relever les empreintes digitales…

Gabriel RINGLET

Avant-propos

Chercheurs de tous ordres, paléontologues et historiens, conjuguent leurs efforts pour savoir comment les hommes sont apparus sur la scène du monde. L'accord est unanime ! Pour eux, ces êtres étranges qui débutent dans l'existence, espèrent un ailleurs, aspirent à un « Autre » capable d'apporter des réponses à leurs interrogations.

Depuis ces lointains commencements, les hommes continuent à supplier un être vaporeux en mille circonstances et de mille manières. Ils ont recours à lui quand ils buttent contre le constat de leurs incapacités ou de leurs impossibilités, quand ils ne savent que faire, face à leurs problèmes.

Les sociologues et les analystes relèvent aujourd'hui les manques ou les insuffisances de perspectives ou d'horizons des sociétés, des états et même des religions. Ils repèrent cependant ici ou là des démarches spirituelles nouvelles dans notre monde de surconsommation et de gaspillage.

Les chapitres de cette ***Petite histoire du Saint-Esprit*** (c'est ainsi que les traditions chrétiennes désignent cet être) observent les tâtonnements, les déviances et les certitudes d'une humanité qui aspire à vivre ou à survivre. Foisonnement et diversité incroyables d'inventions de moyens qui amorcent peut-être une réponse à la question : « Qu'est-ce que cet être mystérieux, attesté dans toutes les civilisations, toutes les cultures et toutes les religions ? Cet être indicible et insondable ? »

H. V.

CHAPITRE 1

L'Esprit planait sur les eaux

J'aime cette phrase très réelle et très poétique

« *L'Esprit de Dieu planait sur les eaux* » (Gn 1, 2). Ces mots, simples, légers et fluides, en ouverture de la Bible, confèrent une ampleur inouïe à la présence de l'Esprit. Dimension sans mesure ! L'Esprit plane sur le monde. Pas d'horizons qui fixeraient des limites et voici que s'ouvre un passage pour une lumière qui vient on ne sait d'où et inonde l'univers. « *L'Esprit de Dieu planait sur les eaux.* » Refrain mille fois répété pour chanter l'harmonie de la Création et se mettre à la hauteur de l'Avènement. Des mots qui font danser les êtres animés et inanimés si on laisse au temps le loisir d'une lente et féconde réflexion. Si on s'attarde à explorer les trois premiers chapitres de la Genèse. Les

Hébreux (ils seront appelés par la suite *Peuple d'Israël*), ont prié tantôt l'Esprit tantôt Yahvé, être transcendant, être au dessus duquel personne n'existe, être qui est partout et détient tout pouvoir. L'Esprit préside à l'acte créateur. Il est à l'origine, et non au commencement car il n'y avait rien avant. Il prend le poste de pilotage pour diriger l'univers vers le point Oméga. Il assure la permanence de la création, désormais en cheminement constant, et qui va indéfiniment de commencement en recommencement.

On comprend la grande difficulté qu'éprouvera Nicodème quand Jésus l'invitera à renaître, à aller de naissance en renaissance : « *En vérité, en vérité, je te le dis : à moins de naître d'en haut, nul ne peut voir le Royaume de Dieu* » (Jn 3, 3). Nicodème lui dit : « *Comment un homme peut-il naître quand il est vieux ? Peut-il entrer une seconde fois dans le ventre de sa mère et renaître ?* » (Jn 3, 4). Et Jésus de renchérir ! « *En vérité, en vérité, je te le dis : personne à moins de naître de l'eau et de l'Esprit ne peut entrer dans le royaume de Dieu. Ce qui est né de la chair est chair, et ce qui est né de l'Esprit est esprit* » (Jn 3, 5-7).

Les recherches actuelles des historiens, des philosophes, des paléontologues, etc. aboutissent à la conclusion que toutes les civilisations, les cultures et les religions perçoivent plus ou moins clairement une réalité qui les dépasse et qu'ils qualifient de divin, de sacré ou de religieux. L'homme, d'après eux, pressentirait quelque chose de mystérieux qui leur paraît essentiel et dont on s'approche sans jamais le saisir de façon satisfaisante. Point extrême ! la plénitude vers laquelle conduit l'Esprit.

Le récit mythique de la Création dans la Genèse évoque la présence et l'action de l'Esprit, ce que l'intelligence humaine ne peut comprendre qu'imparfaitement, ce qui demeure comme dans une nébuleuse. D'où la possibilité d'un grand nombre d'interprétations et de représentations. Diverses religions dont l'hindouisme et les croyances primitives du Mexique ont divinisé le vent. Elles les ont considéré « comme un dieu, maître du monde ». Dans la Bible, le terme « ruah » désigne, suivant le contexte, le grand souffle de vie, ou l'esprit. Le souffle de Yahvé prélude au souffle de vie qui anime tous les vivants. Le mythe du Déluge signifie que l'Esprit de Yahvé est là, sans toutefois se substituer à la volonté humaine. « *Mon Esprit ne demeurera pas toujours dans l'homme, car il n'est que chair; ses jours seront de cent vingt ans* » (Gn 6, 3) dit Yahvé, sachant que cet âge correspondait à la durée maximale de la vie d'après la tradition sacerdotale juive. Un peu plus loin dans la Bible, Dieu dit : « *Et moi, voici que je vais faire venir sur la terre le déluge – les eaux – pour détruire de dessous le ciel toute chair qui a en elle souffle de vie* » (Gn 6, 17). Yahvé fait embarquer un couple de chaque espèce pour garantir l'avenir de la vie sur terre et il dit à Noé : « *De tout que qui vit, de toute chair, tu feras entrer dans l'arche deux de chaque* [*espèce*] *pour* [*les*] *garder en vie avec toi* » (Gn 6, 19). Nos contemporains peinent à saisir toute la portée de ce « *récit* » parce qu'il est mythique. N'est-il pas plus que regrettable que ce grand mythe du Déluge tienne si peu de place dans la mémoire des croyants et des non-croyants ? Il insiste en effet sur l'idée que la vie n'a d'existence que grâce au souffle de Yahvé qui est Vie. Rien ne vit en dehors de l'Esprit de Dieu. Le septième jour, Dieu s'arrêta d'œuvrer. Ce fut un jour sans travail, un jour à part, pour un usage sacré.

Dans un deuxième récit de la création, la Bible relate comment Dieu place Adam et Ève dans un jardin fabuleux, en Éden : le paradis, lieu de délices et de plaisirs (Gn 2, 8-9) est la résidence de l'Esprit ! Adam et Ève, en cédant à la tentation de manger à l'arbre de la connaissance du bien et du mal, et cela malgré l'interdit de Dieu, introduisent dans l'histoire humaine le bien et le mal qui se livrent à une âpre lutte. Mais, finalement, l'Esprit en sortira vainqueur. Victoire de la vie ! La création, selon l'apôtre Jean, est le résultat de la *Parole : « Au commencement était le Verbe »* (Jn 1). Les choses et les êtres viennent à l'existence à l'appel de Dieu : « *Dieu dit : "Que la lumière soit", et la lumière fut. [...] Il y eut un soir, il y eut un matin : premier jour* » (Gn 1, 3-5). Cet appel suit un ordre croissant. La lumière d'abord, en séparant celle-ci des ténèbres. Le firmament ensuite, en séparant les eaux qui sont sous le firmament de celles qui sont au-dessus. Puis la contrée que Dieu appela *« la terre »* avec verdure, herbe et arbres fruitiers :

ce fut le troisième jour. Le jour suivant, des luminaires séparent le jour de la nuit, deux luminaires majeurs, le plus grand, le soleil, la puissance du jour ; le plus petit, la puissance de la nuit, et enfin les étoiles. Au cinquième jour, les eaux grouillent d'êtres vivants, des oiseaux se multiplient sur la terre et dans les airs... Enfin, au sixième jour : *« Dieu créa l'homme à son image, à l'image de Dieu il le créa ; mâle et femelle il les créa... Dieu vit que tout ce qu'il avait fait, et voici que cela était très bon. Il y eut un soir, il y eut un matin : sixième jour. »* Ce texte est un des plus beaux chants de l'histoire de l'humanité. Hymne cosmique de vie et de souffle ! L'homme à l'image de Dieu !

Les juifs, les chrétiens et les musulmans ne peuvent relire l'histoire de l'Esprit sans que retentisse à leurs oreilles cet hymne de la création entière : êtres inanimés, êtres animés et enfin le premier couple des humains. Il s'agit du commencement absolu, de l'origine. Les Hébreux diront qu'ainsi fut « la révélation d'une Sagesse ou d'une Parole ».

« Yahvé, par la Sagesse a fondé la terre,
Établi les cieux par l'Intelligence ;

Par sa science ont jailli [les sources] des abîmes,
Et les nuages distillent la rosée ».
(Prov 3, 19-20)

« Car la Sagesse entrera dans ton cœur
et la science sera délicieuse à ton âme,
la réflexion veillera sur toi,
l'intelligence te gardera »
(Prov 2, 10-11).

L'esprit ou la Sagesse s'exprimera par la suite, par les « dix Paroles » (les dix commandements) confiés à Moïse par Yahvé sur le Sinaï.

La Bible relate souvent dans le désordre des moments importants de la croyance en l'Esprit, du moins en un esprit (cf. chapitre 3). Il n'y a pas eu de big bang spirituel, de chiquenaude initiale qui aurait brusquement fait apparaître l'*homo religiosus*[1].

1. L'expression latine *homo religiosus*, l'homme religieux en français, est employée par les historiens des religions et les anthropologues pour exprimer l'idée que l'homme trouve dans son rapport à Dieu l'explication du monde et le sens de sa vie.

> « L'approche du phénomène religieux, écrit Fiorenzo Facchini, dans la préface du livre de Julien Ries[1], *L'histoire des religions* (Cerf, 2002), fait émerger le sens du religieux comme une constante chez l'homme en tant qu'être doué d'une abstraction et de mise en forme symbolique. L'homo religiosus est l'être qui prend conscience d'avoir des rapports avec une réalité mystérieuse qui le dépasse. »

On en a connaissance par la découverte de certaines traces dans les grottes préhistoriques : incisions rupestres, dessins, égards envers les défunts... Selon Mircea Eliade :

> « L'*homo religiosus* [...] croit toujours qu'il existe une réalité absolue, le sacré, qui transcende ce monde-ci, mais qui s'y manifeste et, de ce fait, le sanctifie, le rend réel.

L'*homo religiosus* et l'expérience du sacré sont inséparables. « Lorsque nous essayons

1. Julien Ries (1920-2013), théologien catholique et cardinal, a popularisé le concept « *homo religiosus* » dont il a fait le titre d'un de ses plus importants ouvrages, *L'« homo religiosus » et son expérience du sacré*, Cerf, 2009.

d'interpréter les gestes des mains levées vers la voûte céleste, nous sommes obligés, écrit Jean Ries, de penser à une expérience vécue de manière consciente par l'homme archaïque à un comportement rationnel avec une Réalité mystérieuse et supra-mondaine. »

Il faudrait explorer les grands textes fondateurs de toutes les religions pour prendre la mesure de l'universalité du phénomène. Les paléontologues ont trouvé en Chine des restes d'aliments dans des tombes du sixième millénaire avant Jésus-Christ, ce qui atteste la croyance en une survie. Au IVe siècle, apparaissent le *ying* et le *yang*, l'ombre (le *ying)* et la lumière (le *yang*).

> « Cette symbolique de la polarité et de l'alternance [...] représente la totalité de l'ordre cosmique et de l'ordre humain. Yin yang sont inséparables mais ils ne sont que des modalités du Tao (Dao) qui est le principe d'unité, un Absolu mystérieux. »

Et Jean Ries conclut :

> « La quête d'une longue vie et de l'immortalité constitue l'objectif central du taoïsme religieux. »[1]

Du Néandertalien jusqu'aux poètes et aux artistes contemporains, en passant par l'animiste, les spirites, les spirituels, les hommes reconnaissent qu'il existe un esprit, une âme dans les êtres inanimés, celle-ci n'étant peut-être que la leur qu'ils leur prêtent. Citons simplement deux grands noms de la littérature française : Alphonse de Lamartine et Victor Hugo entendent le frémissement de la vie au travers de l'univers.

Les religions, qu'il s'agisse du christianisme, du judaïsme, de l'islam, du bouddhisme et de l'hindouisme, comptent parmi elles des adeptes qui font une expérience privilégiée de l'Esprit : les mystiques chrétiens, les soufis musulmans, les moines des ashrams hindous… À leur propos, tout en reconnaissant des rites et des dogmes différents, on parlera d'une présence mystérieuse et indicible à laquelle ils donnent souvent le nom d'Esprit. Cet Esprit qui est partout.

---

1. In *L'Histoire des religions*, p. 183.

CHAPITRE 2

De peu inférieur à un dieu

Étonnante surprise que ce psaume qui chante la grandeur de l'homme !

> « *Yahvé, notre Seigneur,*
> *que ton nom est magnifique par toute la terre !*
> *Toi qui dessus les cieux plaças ta majesté,*
> *de la bouche d'enfants et de nourrissons*
> *tu as fondé une force à cause de tes adversaires,*
> *pour réduire l'ennemi et le rebelle.*
> *Lorsque je vois tes cieux, l'œuvre de tes doigts,*
> *la lune et les étoiles que tu as établies,*
> *qu'est-ce qu'un mortel, pour que tu t'en souviennes*
> *et un fils d'homme, pour que tu le visites ?*
> *Tu l'as fait de peu inférieur à un dieu,*
> *de gloire et de splendeur tu l'as couronné ;*

qu'est-ce qu'un mortel pour que tu t'en souviennes et un fils d'homme, pour que tu le visites ?
Tu l'as fait de peu inférieur à un dieu,
de gloire et de splendeur tu l'as couronné ;
tu l'as fait dominer sur l'œuvre de tes mains,
tu as tout mis sous ses pieds,
brebis et bœufs, tous ensemble,
jusqu'aux bêtes des champs, et même les bêtes sauvages,
oiseaux du ciel et poissons de la mer
ce qui parcourt les sentiers des eaux.
Yahvé, notre Seigneur,
que ton Nom est magnifique par toute la terre !» (Ps 8).

L'homme se distingue de tous les êtres qui l'entourent et qui composent l'univers. L'homme est un être spirituel incarné dans un corps. Un être fait de chair et d'esprit. Pour reprendre la formule traditionnelle, un être doté d'un corps et d'une âme. Mais l'homme aura fort à faire tout au long de son histoire pour vivre avec bonheur cette dualité. Comment concilier tout à la fois l'existence humaine et l'existence divine ? Comment être homme sans renoncer à ce qui relève de l'humain et tout à la fois sans renoncer au divin qui l'habite, sans éteindre la flamme d'un désir inextinguible ?

Une fois de plus, il faut accepter le mystère, et plus encore vivre avec lui et de lui. N'est-il pas la source du dynamisme qui nourrit les aspirations sans jamais les satisfaire de façon satisfaisante ? L'homme, un être assoiffé d'eau vive ! Quelle merveille qu'il ait perçu ce besoin vital depuis des millénaires ! L'origine de cette soif remonte à la nuit des temps, nuit épaisse et impénétrable.

Les paléontologues et les historiens sont en concurrence pour tenir le fil ténu qui relie l'être humain à son obscure naissance. L'homme est en quête de sa naissance. La Bible, toutefois, éclaire juifs, chrétiens et musulmans. La lumière qu'ils reçoivent leur vient des mythes qui emmènent l'être humain sur les rives du mystère plus que de l'histoire qui les enferme dans le monde des connaissances.

La Bible offre à l'homme désirant deux « récits » de la création du monde : appellation risquée qui donne à croire qu'il pourrait s'agir d'un fait historique. Il n'en est rien. À peu près cinq siècles séparent ces deux « récits » ; le premier dans le déroulement des chapitres étant chronologiquement le second. Cette inversion explique les différences qui existent entre deux visions, entre deux interprétations d'un même « fait ». Le premier est l'hymne de la création en six jours par Yahvé. *« Au commencement Dieu créa le ciel et la terre. Or la terre était un chaos, et il y avait des ténèbres au-dessus de l'Abîme, et l'esprit de Dieu planait au-dessus des eaux »* (Gn 1, 1-2). Le souffle de Dieu n'est autre que l'Esprit. Le deuxième « récit » est théologiquement plus riche. Il évoque la création de l'homme et de la femme. *« Yavhé Dieu façonna l'homme, poussière tirée du sol, il insuffla dans ses narines une haleine de vie, et l'homme devint un être vivant »* (Gn 2, 7). Un peu plus loin le texte poursuit : *« Yavhé Dieu dit : "Il n'est pas bon que l'homme soit seul ; je veux lui faire une aide qui lui soit assortie." […] Alors Yahvé Dieu fit tomber une torpeur sur l'homme, qui s'endormit. Il prit une de ses côtes et referma la chair à sa place. Yavhé Dieu bâtit en femme la côte qu'il avait prise de l'homme, et il l'amena à l'homme. L'homme dit : "Celle-ci, cette fois, est l'os de mes os et la chair de ma chair ; celle-ci sera appelée femme, car c'est d'un homme qu'elle a été prise, celle-ci !"»* (Gn 2, 18-23).

Dieu crée ainsi la différence, les deux genres : le masculin et le féminin. La suite du « récit » mythique raconte le péché d'Ève et d'Adam, le mal, la rupture d'avec Yahvé. On parlera plus tard de l'œuvre de Satan. Le Bien et le Mal seront là à se livrer une lutte sans merci. Duel de tous les temps. Sur le mode épique, l'auteur biblique exalte la fonction de l'Esprit dans le monde. Sa mission est d'entraîner les créatures, et d'abord l'homme, vers la plénitude du Bien.

La connaissance la plus approfondie de « *l'homo religiosus* » remonte à la religion mésopotamienne de la période néolithique. C'est alors que naissent les dieux.

> « Le monde divin est conçu comme un monde céleste, écrit Julien Ries[1], et la vie terrestre considérée comme un reflet du ciel. L'astrologie devient la science religieuse qui rattache la destinée des

1. *Op. cit.*, p. 162

> hommes aux volontés des dieux et des déesses [...]. La copieuse documentation des tablettes cunéiformes nous livre des poèmes et des mythes relatant la genèse des dieux, du cosmos et de l'homme. Cette première histoire sainte, véritable mémoire de l'Orient, a servi d'archives aux rédacteurs des traditions bibliques. »

L'existence de plusieurs « récits » de la création du monde a l'avantage de prendre en compte que le point de départ n'est pas unique, et donc pas absolu. Cela interdit à toute civilisation et à toute religion de s'approprier la création.

Dans le pays voisin de la Mésopotamie, en Égypte, les égyptologues ne comptent pas moins de sept cent cinquante-trois divinités.

> « *Les habitants,* écrit encore Julien Ries[1], n'ont cessé de s'émerveiller à contempler la nature : chaque matin, le lever du soleil ; jamais de pluie mais la crue annuelle du Nil et l'inondation de la vallée avec une régularité impressionnante ; de l'eau à profusion

1. *Op. cit.*, p. 169.

> et un limon fertile signe de belles moissons; une terre noire couverte d'une végétation luxuriante sous un ciel toujours lumineux. [...] La création originelle perçue comme un âge d'or avec l'émergence de la terre, de la lumière, de l'homme et la transformation du chaos en cosmos. »

On ne peut clore ce détour par l'Égypte sans mentionner l'hymne du pharaon Aménophis IV (1375-1357), connu surtout sous le nom d'Akhénaton, adorateur du divin Aton. Il s'avance, accompagné de la reine Néfertiti, devant le disque solaire pour lui offrir la déesse, les deux bras levés vers le ciel et les mains ouvertes. Le geste de l'orant ! Les paléontologues voient là le premier signe du croyant, expression d'une présence mystérieuse et efficace. Toutes les civilisations et toutes les religions commencent par cette prise de conscience.

Les savants ont fixé des dates, approximatives bien sûr, des époques de cette longue marche de l'humanité. En faire l'énumération donne le tournis. On mesure ainsi l'infinie petitesse de l'homme dans sa fabuleuse histoire. Le premier de la liste a été *l'homo habilis* (l'homme habile) avant *l'homo erectus* (l'homme debout). Il habita la terre de 1,6 million d'années à 300 000 avant Jésus-Christ. *L'homo sapiens* (l'homme savant) qui suit, 300 000 à 35 000 ans avant Jésus-Christ, a révélé une humanité « en direction du seuil de la modernité », écrit précautionneusement Julien Ries. Enfin, *l'homo sapiens sapiens* (ce doublon équivaut à un superlatif) de 35 000 à 2000 avant Jésus-Christ.

Pour donner plus de saveur et de sens à ces chiffres, soulignons qu'Abraham, selon certains, aurait quitté Ur, en Chaldée, dans la Mésopotamie antique, pour se diriger vers Canaan – la région comprenant Israël, la Palestine et la Jordanie actuels – dans les années 1800 avant Jésus-Christ. En outre, Moïse aurait par ailleurs entraîné vers la Terre promise le peuple hébreu dans les années 900 avant Jésus-Christ. Tout au long de cet itinéraire, l'homme est invité à distinguer le sacré marqué au coin de la magie et la foi qui est relation et dialogue avec l'être divin. Il a toujours éprouvé de grandes difficultés à distinguer et à choisir entre idolâtrie et foi. Ce problème, conflit brûlant, reste toujours sans solution, si forte est la tentation de sacraliser, de faire que ce qui est incomplet et inachevé soit considéré, et même vénéré, comme s'il s'agissait d'un absolu.

Les idolâtries ont la vie dure. Estimées archaïques et grossières, elles sont abandonnées et renaissent sous des formes nouvelles, des formes modernes : le corps, le luxe, l'argent, la performance… Le culte de l'*ego* se substitue à celui du dieu !

CHAPITRE 3

Les chemins de l'esprit

La Bible commence son parcours d'environ dix mille ans par une déclaration solennelle et simple : *« L'Esprit de Dieu planait sur les eaux. »* Naissance de l'univers au souffle de l'Esprit ! Incroyable chiquenaude ! Dieu n'est plus seul. Il existe autre chose que lui. La création, êtres animés et inanimés, œuvre permanente de l'Esprit, va poursuivre son chemin. *« L'Esprit de Dieu planait sur les eaux »* est une merveilleuse et stimulante introduction à l'ensemble des livres qui constitue les Saintes Écritures : ancien et nouveau Testament.

Le temps qui n'avait pas d'existence commence lui aussi à exister. Et vont s'ouvrir des millions de pages de l'histoire des humains. Le souffle de l'Esprit va faire paraître l'homme ! « *Yahvé Dieu façonna l'homme, poussière tirée du sol,* (Adam, étymologie : le sol, la terre habitable), *il insuffla dans ses narines une haleine de vie et l'homme devint un être vivant* » (Gn 2, 7).

Avant la création, solitude extrême ! Le néant ! Rien ! Dieu seul ! Mais Yahvé pouvait-il demeurer seul ? L'univers resterait-il irrémédiablement vide ? Une question s'imposait, imparable. Question cruciale qui sera de tous les temps, depuis les débuts jusqu'à maintenant. Le dieu et l'homme sont-ils apparus simultanément ou bien est-ce Dieu qui a précédé l'homme ou, inversement, est-ce l'homme qui a précédé le dieu ?

Le prophète Isaïe, annonçant la venue de l'Esprit, crie à tout Israël : « *Un rameau sortira du tronc de Jessé, et de ses racines un rejeton poussera. Sur lui reposera l'esprit de Yahvé : esprit de sagesse et d'intelligence, esprit de conseil et de vaillance, esprit de science et de crainte de Yahvé, et il respirera la crainte de Yahvé. Il ne jugera pas sur l'apparence et ne décidera pas sur un simple ouï-dire ; il jugera les faibles avec justice et décidera avec équité pour les humbles du pays; il frappera le violent des arrêts de sa bouche, du souffle de ses lèvres il fera mourir le méchant* » (Is 11, 1 *sq.*).

Le psalmiste, dans un enthousiasme poétique débordant (la poésie est un autre souffle !) s'adresse à Yahvé et lui dit avec un accent de profonde intensité :

> *« Tu caches ta face, ils [les Israélites]*
> *sont épouvantés.*
> *Tu leur retires le souffle, ils expirent*
> *et à leur poussière ils retournent,*
> *tu envoies ton souffle : ils sont créés,*
> *et tu renouvelles la face de la terre »*
> *(Ps 104, 29-30).*

> *Par la parole de Yahvé les cieux ont été faits,*
> *et le souffle de sa bouche toute leur armée ;*
> *comme dans une outre il serre l'eau marine*
> *et dans les réservoirs place les océans »*
> *(Ps 33, 6-7).*

L'Esprit voyage tout au long de la Bible, de la Genèse à l'Apocalypse. Il profile les événements et les mythes de l'histoire des hommes. Il insuffle l'univers entier. Il est le cœur qui bat dans tous les êtres.

Le Saint-Esprit est mentionné 378 fois dans le Nouveau Testament. Pas moins ! C'est dire la grande importance que les premières communautés chrétiennes vouaient à la dévotion de l'Esprit. L'apôtre Paul, dans les années 60, écrivait à Timothée : *« Toute l'Écriture est inspirée de Dieu et utile pour enseigner, reprendre, redresser, éduquer dans la justice, afin que l'homme de Dieu soit accompli, équipé pour toute œuvre bonne »* (2 Tm 3, 16-17).

Les croyants de l'Esprit se sont faits des représentations de cet Esprit suivant leurs cultures, leurs civilisations, leurs besoins et leurs vœux, tant et si bien que la liste des adjectifs qui le qualifient est interminable.

On pourrait appeler l'apôtre Paul, l'apôtre de l'Esprit. Son insistance sur la place de l'Esprit dans l'Église révèle chez lui une de ses plus fortes convictions. Il n'a jamais rencontré Jésus sur les chemins de Galilée, semble-t-il. Il ne le cite que sept fois dans ses lettres. L'appel qu'il adresse aux Corinthiens est des plus vigoureux : *« Pour ce qui est des dons spirituels* [autrement dit, de l'Esprit], *frères, je ne veux pas que vous soyez dans l'ignorance [...]. C'est pourquoi je vous le fais savoir: personne, parlant par l'Esprit de Dieu, ne dit: "Anathème à Jésus", et personne ne peut dire: "Seigneur Jésus" si ce n'est par l'Esprit saint [...]. Il y a, certes, répartitions de dons, mais c'est le même Esprit [...]. Mais tout cela, c'est le seul et même Esprit qui l'opère, répartissant ses dons à chacun en particulier comme il veut»* (1 Cor 12, 1-11).

Place donc non seulement aux prophètes et aux évangélisateurs qui font la part belle à l'Esprit, mais aux astronomes qui, munis de télescopes géants, étudient la croissance accélérée du nombre des exoplanètes[1] connues, et aussi aux poètes qui révèlent le réel au-delà du réel. Ils font partager leur admiration et leur exaltation, car l'Esprit qui a créé est celui qui donne vie indéfiniment. Ils activent le goût de la beauté qui fait fi des frontières. Celle-ci, dépassant l'homme, le fait descendre dans le meilleur de lui-même et monter jusqu'aux cieux.

1. Par ce nom, on désigne les planètes n'appartenant pas au Système solaire et qui tournent autour d'autres astres stellaires.

L'astrophysicien franco-canadien Hubert Reeves, dans un livre stimulant[1], évoque « les quelque cent milliards de milliards d'années-lumière qui existaient dans le chaos initial de l'univers ». Ces chiffres, qui font exploser tout ce que l'imaginaire peut concevoir, ramènent l'homme à lui-même, « *de peu inférieur à un dieu* ». L'Esprit indique au croyant le sens de tout ce qui fait sa vie entre « l'infiniment grand et l'infiniment petit. »

Le roi Antiochus IV (175-164 avant Jésus-Christ), roi de Syrie de la dynastie des Séleucides qui avait provoqué la révolte des Maccabées en 167 avait décidé de mettre à mort sept frères s'ils ne renonçaient pas à la foi de leurs ancêtres. Leur mère, éplorée, leur tint des propos qui révèlent de sa part un courage inouï, fruit de la confiance qu'elle mettait en l'Esprit. « *Je ne sais comment vous êtes apparus dans mes entrailles ; Ce n'est pas moi qui vous ai gratifiés du souffle et de la vie, ni moi non plus qui ai disposé les éléments qui composent chacun de vous. Aussi*

---

1. Hubert Reeves, *Poussières d'étoiles*, coll. « Science ouverte », Le Seuil, 1984.

bien le Créateur du monde, qui a façonné l'homme à l'origine et qui a présidé à l'origine de toutes choses, vous rendra-t-il, dans sa miséricorde, et le souffle et la vie » (Second livre des Martyrs d'Israël, ou deuxième livre des Maccabées 7, 22-23).

Le livre de la Sagesse (celle-ci est assimilée à l'Esprit) laissera à la postérité un des plus beaux chants de louange à la gloire de l'Esprit.

> « *En elle [la Sagesse] est, en effet, un esprit intelligent, saint,*
> *Unique, multiple, subtil, mobile, pénétrant, sans souillure, clair, impassible,*
> *Ami du bien, prompt, irrésistible, bienveillant, ami des hommes,*
> *Ferme, sûr, sans souci, qui peut tout, surveille tout,*
> *Pénètre à travers tous les esprits,*
> *Les intelligents, les purs, les plus subtils.*
> *Car plus que tout mouvement la Sagesse est mobile ;*
> *Elle traverse et pénètre tout à cause de sa pureté.*
> *Elle est en effet un effluve de la puissance de Dieu,*
> *Une émanation toute pure de la gloire du Tout-Puissant ;*
> *Aussi rien de souillé ne s'introduit en elle.*

> *Car elle est un reflet de la lumière éternelle,*
> *Un miroir sans tache de l'activité de Dieu, une image de sa bonté» (Sag 7, 22 sq.).*

L'auteur conclut:

> *«Elle est en effet plus belle que le soleil,*
> *Elle surpasse toutes les constellations.*
> *Comparée à la lumière, elle l'emporte*
> *Car celle-ci fait place à la nuit.*
> *Mais contre la Sagesse le mal ne prévaut pas» (Sag 7, 29-30).*

L'Esprit préside à la création du monde. « *La terre était vide et vague. Les ténèbres couvraient l'abîme. Un vent de Dieu planait sur les eaux.* » Puis Yahvé dit: « *Que la lumière soit, et la lumière fut.* » Et s'enchaînèrent les six jours de la création. Le texte de la Genèse conclut: « *Au septième jour, il chôma, après tout l'ouvrage qu'il avait fait. Yahvé bénit le septième jour et le sanctifia* » (Gn 2, 2).

Par un raccourci étonnant, se trouve ainsi affirmé et confirmé le rôle de l'Esprit tout au long de l'histoire de l'univers. Mais celle-ci révèle nombre de déviances, de méprises, et de douteuses dévotions de la part des hommes. L'apôtre Paul, pour contrecarrer ces contrefaçons, rappelle aux croyants la place que doit prendre l'Esprit dans la foi. Il établit deux listes de charismes en 1 Cor 12, 4-11 et Rm 2, 4-11.

Il termine la magnifique énumération qu'il fait dans la lettre aux Corinthiens en écrivant : « *Quand j'aurais le don de prophétie et que je connaîtrais tous les mystères et toute la science, quand j'aurais la plénitude de la foi, une foi à transporter les montagnes, si je n'ai pas la charité, je ne suis rien. Quand je distribuerais tous mes biens en aumône, quand je livrerais mon corps aux flammes, si je n'ai pas la charité, cela ne me sert de rien.* » (1 Cor 13, 1 *sq.*). La charité, première de toutes les vertus, signe la présence et l'authenticité de l'Esprit.

Aux Galates l'apôtre écrit : « *Le fruit de l'Esprit est charité, joie, paix, longanimité, maîtrise de soi* » (Gal 5, 22). Il termine : « *Puisque l'Esprit est notre vie, que l'Esprit nous fasse agir !* » (Gal 5, 24).

L'homme est ainsi promu à devenir le collaborateur de l'Esprit. Yahvé ne lui a-t-il pas confié la gérance de la Terre ? Le big bang a été une formidable explosion depuis laquelle le monde ne devait cesser de se transformer grâce aux activités humaines. Puis, la théorie quantique a fait faire un pas de géant. Mais les hypothèses scientifiques qui devenaient des certitudes, des systèmes et des théories, se sont succédées, révélant l'orgueil du positivisme et rappelant aux savants et aux chercheurs que la vérité était au-delà de ce qu'ils croyaient être l'expression définitive du double mystère de l'Homme et de l'Univers. De nouvelles hypothèses vinrent remettre en question ce que des scientifiques avaient cru être certitudes.

La contestation la plus puissante ne serait-elle pas les milliers, et même les milliards d'exoplanètes (ces planètes qui tournent autour d'une étoile autre que le soleil), que les astronomes découvrent, munis des télescopes géants du désert chilien ? Si ces chercheurs sont familiers de cet univers, l'homme ordinaire reste enfermé dans sa petite bulle. Dérisoire, l'infiniment grand de Pascal !

La liste de ces nouveautés s'allonge indéfiniment sans réussir à cerner cette mystérieuse réalité qu'est l'humain. Une des dernières exoplanètes découvertes qui s'est approchée de la Terre pour lui faire un joyeux « coucou » en passant – ironie ou sympathie ? – a commencé son voyage il y a plus de vingt-huit milliards d'années-lumière ! Il n'y a pas lieu de s'étonner que les hommes qui en prennent conscience soient déboussolés, au sens le plus fort du terme. Le temps qui nous sépare d'Abraham ou de Moïse est fort réduit. Abraham, qui quitte Ur en Chaldée pour gagner les terres de Canaan où coulent le lait et le miel, pour passer du polythéisme au monothéisme ; Moïse, qui sur le mont Sinaï, entend la voix de Yahvé qui jaillit d'un feu inextinguible et déclare solennellement son identité : « *Je suis celui qui suis... Je serai qui je serai.* » « *Je suis.* » Deux syllabes qui seront pour beaucoup comme un big bang spirituel.

À l'époque biblique d'Abraham et de Moïse, se manifeste pour toujours « *l'homo religiosus* », l'être qui a conscience de lui-même, l'être qui prend conscience de son autonomie et de sa liberté, l'être qui prend conscience d'être conscience. C'est alors qu'on peut entendre murmurer, et murmurer seulement, la réponse à la question : « *Esprit qui es-tu ?* » L'identité de l'Esprit est enveloppée de mystère. L'Esprit est mystère ! Les hommes de toutes les cultures ont cherché des images et des expressions qui tracent les chemins pour aller jusqu'au seuil du mystère de l'Esprit. Mais cette marche peut aboutir à des déviances, à des fausses routes. Le danger est grand. Les idoles, nombreuses. Yahvé, tout au long de l'Ancien Testament, les fustige avec une vigueur sans pitié. Elles sont vides, elles sont vaines. Elles sont trompeuses. « *Vanité des vanités* ! »

> « L'homme, écrit Mircea Eliade, croit qu'il existe une réalité absolue, le sacré, qui transcende ce monde-ci mais qui s'y manifeste et, de ce fait, le sanctifie et le rend réel ! »

L'Allemand Rudolf Otto, à la fois philosophe et historien de la religion, est plus explicite dans son célèbre ouvrage « Le sacré ». Il explique :

> « C'est au cours de quatre étapes que l'homme saisit une réalité mystérieuse, le "divin" : d'abord le sentiment d'être une créature, puis un certain effroi (*tremendum*), ensuite la sensation d'être devant un mystère, enfin la fascination de la découverte (*fascinandum*). »

Ces quatre marqueurs fonctionnent en permanence, mais le dernier est celui qui travaille le plus le cœur de l'homme ; il est le plus tenace et sa séduction comprend de multiples facettes.

Il est une idole qui perdure depuis tous les temps et que Jésus déjà combattait : l'argent qui exerce une emprise puissante et continue, qui fait de l'homme l'esclave des temps modernes, qui exerce un pouvoir absolu sur notre monde économique, financier et politique, et cela d'autant plus que l'argent est de plus en plus virtuel.

Depuis la découverte du Nouveau Monde, celle de l'Amérique en 1492 par le navigateur génois Christophe Colomb, les illusions qui tissent la trame de l'histoire humaine se sont succédées à un rythme accéléré. Chacune s'est considérée comme le *nec plus ultra.* Deux noms illustrent la révolution qui a mis la science sur un piédestal. D'abord celui d'Antoine-Laurent de Lavoisier, né le 26 août 1743 et guillotiné le 8 mai 1794, auteur du célèbre : « Rien ne se perd, rien ne se crée. » Ensuite celui de Louis Pasteur (27 décembre 1822-28 septembre 1895), le pionnier du vaccin. Il fit sa première vaccination contre la rage en 1885. Le progrès devient alors le principe premier de l'existence. Il est sacralisé.

Les maîtres du positivisme pensèrent porter un coup mortel au christianisme. D'après eux, l'Esprit saint était le vaincu de ce conflit. Les premiers chapitres de la Genèse étaient discrédités faute d'une véritable exégèse.

Aujourd'hui, sévissent des crises exacerbées qui troublent, si ce n'est bouleversent, la vie familiale, sociale, économique, politique et religieuse. Des interdépendances de plus en plus complexes, accrues par le développement des échanges commerciaux, par la multiplication des médias et des transports, par Internet, génèrent un remue-ménage que l'humanité n'a jamais connu jusqu'à présent. Des exemples ? Les trois-quarts de la population mondiale ont le téléphone. Les habitants des villes sont plus nombreux que ceux de la campagne. Les robots interviennent dans les salles d'opération sous le contrôle de spécialistes qui se trouvent à des milliers de kilomètres. Ce monde en ébullition fait penser au chaos initial de la Bible. On parle de plus en plus d'une anthropologie nouvelle. Un homme nouveau n'est-il pas en train de naître ? Un vaste tournant géopolitique s'opère.

L'humanité est en manque de sens mais des hommes de toutes générations cherchent, aspirant à une harmonie universelle, à un « vivre ensemble » universel fait de justice, de solidarité et de paix. Les croyants de toutes religions sont-ils assez conscients de leurs responsabilités ? Gérer la Terre selon le souffle de l'Esprit !

CHAPITRE 4

Le spiritisme

Paradoxe ! L'Esprit saint, insaisissable, est très souvent instrumentalisé ! L'homme se sert de lui. Il en fait un moyen pour obtenir un bienfait, un service, une guérison, une information sur l'au-delà, l'annonce d'un malheur ou d'un heureux événement. Il comble l'ignorance de ce qu'il ne peut savoir par sa propre intelligence. L'Esprit saint en fait les frais !

Dans le langage courant comme dans la Bible, Esprit et Dieu (Yahvé, Seigneur), sont souvent synonymes. On emploie indistinctement l'un ou l'autre. Pour entrer dans une meilleure compréhension de l'Esprit, nous arrêterons notre attention sur trois courants modernes théorisés en philosophie ou en spiritualité : le spiritisme, le pentecôtisme et le charismatisme.

Le spiritisme, numériquement, n'arrive pas en tête mais il excite la curiosité de beaucoup. Son étrangeté intrigue. Il est de date récente. Il s'est surtout répandu dans le monde anglo-saxon.

En 1847, aux États-Unis, les sœurs Fox prétendent s'être entretenues avec un fantôme en pratiquant d'abord le claquement des doigts puis les tables tournantes. Le fondateur du spiritisme (la philosophie spirite) est un pédagogue lyonnais, né en 1804 et mort à Paris en 1869. Allan Kardec (pseudonyme d'Hippolyte Rivail), auteur entre autres du *Livre des Esprits*, élabore une doctrine à contre-courant de la magie. Pour lui, « l'Esprit n'est pas une entité surnaturelle mais la réalité de l'homme qui, ayant perdu son corps physique, garde un corps éthérique ».

Sa pensée, considérée par certains comme une superstition ou une science occulte, est fondée sur la croyance en des puissances invisibles ou aux défunts. Il utilise la pratique des tables tournantes. On compte dans le monde une dizaine de millions d'adeptes dont un peu plus d'un million en France où a été créée une instance supérieure, « le Conseil spirite français », qui promeut la fraternité et la solidarité entre toutes les institutions spirites, et aussi entre les personnes isolées en France et ailleurs. Dans l'Antiquité, existaient déjà les « *mensae divinatoriae* », les tables divinatoires. La table est une dalle, gravée avec des lettres de l'alphabet, au-dessus de laquelle est suspendu, par un fil, un anneau qui se balance sur certaines lettres.

La France eut un célèbre spirite en la personne de Victor Hugo ! Son exil politique dans l'île de Jersey facilita son entrée dans le monde des esprits. Mer démontée, vagues déferlantes, rochers sauvages, falaises dramatiques, solitude... offrirent un cadre favorable, mais la mort accidentelle de sa fille fut encore plus déterminante. Il participa à des séances de tables tournantes presque chaque jour, et même plusieurs fois par jour. Il écouta de grandes voix de la littérature qui lui parlaient : Machiavel, Rousseau, Shakespeare... La « bouche d'ombre » lui demandera même de reprendre la rédaction des *Misérables* et d'écrire un poème.

Juliette Drouet, dans sa correspondance amoureuse avec lui, exprime subtilement ses réserves dans une lettre datée du 14 septembre 1853 :

> « Quel que soit mon peu de sympathie et d'affinité avec les esprits, pour peu que ton commerce avec l'autre monde continue, je serai forcée de me joindre à eux pour avoir la chance de te voir quelquefois… Quant à vos diableries j'y vois pour l'avenir plus d'inconvénient que de plaisir, quelles que soient d'ailleurs vos convictions personnelles et collectives. Je m'explique mal, mais je sens que ce passe-temps a quelque chose de dangereux pour la raison, s'il est sérieux, comme je n'en doute pas de ta part, et d'impie, pour peu qu'il s'y mêle la moindre supercherie. »

À partir de septembre 1854, Victor Hugo n'attend plus rien des révélations de la table. Les séances s'espacent et cessent peu avant son départ de Guernesey, mais le caodaïsme (religion présente au Vietnam) fera du poète un saint. Il aura ses temples, notamment à Saïgon.

Il n'est pas rare aujourd'hui d'entendre des personnes dire qu'elles s'entretiennent avec leurs défunts : époux, épouse, mère, parent disparu dans un accident mortel, mort prématurée d'un enfant... C'est là une manière d'assumer sa peine, de faire le deuil, de se déresponsabiliser, de se retrouver soi. Les psychologues et les psychanalystes viennent en aide pour franchir ces passages difficiles. Il n'en reste pas moins qu'il s'agit souvent d'instrumentaliser d'une manière affinée l'Esprit ou les esprits. Tout ceci reste fort complexe, si nombreux sont les méandres et les interférences de la conscience humaine.

Le spiritisme organisé est actuellement surtout répandu au Brésil et en Argentine. On compte au Brésil à peu près trois millions et demi d'adeptes et quatorze mille temples. Il exerce une forte influence et se développe surtout dans les classes sociales défavorisées. Depuis quelques années, il s'implante rapidement en Afrique de l'Est.

Ce mouvement philosophique et religieux croit en un Dieu unique. Il voit en Jésus un guide et un modèle sans admettre sa divinité. Les adeptes font appel à des esprits. Ils communiquent avec eux. Ils recherchent la perfection. Ils veulent régénérer l'humanité pour qu'elle entre dans une ère nouvelle. Ils se distinguent des autres religions afro-brésiliennes comme le condomblé ou l'umbada… dont les membres entrent en contact avec les esprits dans des transes. Par contre, ils tendent à se confondre avec les pentecôtistes, ce qui n'est pas sans inquiéter de plus en plus les évêques de l'Église catholique.

CHAPITRE 5

Les pentecôtistes

Les pentecôtistes ? Leur dénomination fait référence à un événement décisif : la *Pentecôte*, la descente de l'Esprit sur chacun des disciples, célébrée cinquante jours après la sortie du tombeau. Jésus est vivant, ressuscité. Il est à nouveau debout au milieu des hommes, mais autrement ! Une présence invisible et agissante. Il est un ferment qui renouvelle l'humanité.

Il avait dit avant son départ : « *Si vous m'aimez, vous garderez les commandements, les miens, et moi, je prierai le Père, et il vous donnera un autre "Paraclet" pour être avec vous à jamais, l'Esprit de vérité, que le monde ne peut recevoir, parce qu'il ne le voit ni ne le connaît. Mais vous, vous le connaissez, parce qu'il demeure chez vous et qu'il sera en vous. Je ne vous laisserai pas orphelin, je viens vers vous... Celui qui a mes commandements et les garde, c'est celui-là qui m'aime, et celui qui m'aime sera aimé de mon Père, et moi aussi je l'aimerai et me manifesterai à lui»* (Jn 14, 15 *sq.).* Il ajoutera : *«Je vous ai dit cela, quand je demeurais auprès de vous. Mais le "Paraclet", l'Esprit, l'Esprit saint, qu'enverra le Père en mon Nom, lui vous enseignera tout et vous rappellera tout ce que moi je vous ai dit»* (Jn 14, 25 *sq.*).

Il ouvrait ainsi des voies de liberté, mais de là allait naître diverses interprétations, avec des tensions, des divisions et des conflits. L'histoire du pentecôtisme verra pousser de nombreuses ramifications, ce qui posera un grave problème d'unité. Les différences de doctrines et de rites nuiront gravement aux relations des chrétiens entre eux.

Avant l'arrivée du *Renouveau* en provenance de l'Amérique du Nord, étaient apparus en Europe de petits groupes qui voulaient s'inspirer davantage de l'Évangile et conformer leur vie à une pratique plus proche de l'enseignement de Jésus. Pour faire court, disons que ces chrétiens voulurent s'ouvrir davantage *« au vent de l'Esprit*». Ils prirent leur autonomie jusqu'à refuser le baptême des enfants, à conférer un baptême aux adultes (second baptême), et à se constituer en petites Églises.

Ainsi naquirent les baptistes, les quakers, les frères moraves en Angleterre et en Allemagne. Les adeptes de ces courants puisèrent l'énergie de leur foi en se référant au récit de la Pentecôte (Ac 2) et à la première lettre de Paul aux Corinthiens (1 Co 12, 1 à 11), déjà citée. Ils prétendaient ainsi vivre ce que Jésus avait dit aux apôtres.

Le pentecôtisme n'eut pas qu'un seul fondateur, comme on le constate dans les grandes confessions, il en eut beaucoup, ce qui explique la multiplicité des groupes qui se développent dans tous les continents. Le pape Jean-Paul II éprouva une inquiétude croissante concernant surtout le Brésil, le pays le plus catholique du monde. Il dénonça même ouvertement son « prosélytisme ». Sa crainte explique au moins pour une part, les quatre voyages qu'il y fit au cours de son pontificat.

Le pape actuel, François s'est démarqué de son prédécesseur. Il parle en connaissance de cause : il est argentin. Lors des Journées mondiales de la jeunesse, à Rio, du 22 au 29 juillet 2013[1], il a insisté sur l'antidote à offrir aux jeunes pour éviter un surnaturalisme éthéré, pour leur faire apprécier la valeur de la foi et leur faire partager la confiance qu'il a lui-même en « une vie engagée et ferment d'un monde nouveau où personne ne sera laissé dans la misère et le désespoir ».

À ses appels adressés aux jeunes à Copacabana, il a donné un ton impressionnant de gravité et d'urgence. Qu'on en juge !

> « Nous devons construire l'Église… S'il vous plaît, s'écriait-il, ne laissez pas les autres être les acteurs du changement. C'est vous qui êtes l'avenir ! C'est vous ! Il faut que vous entriez dans le monde. Je vous le demande : soyez les acteurs du changement et de l'avenir… Surmontez l'apathie et apportez une réponse chrétienne à toutes les préoccupations sociales et politiques, de tous les coins du monde. Je vous demande d'être des constructeurs de l'avenir, qui se mettent au travail pour un monde meilleur. »

---

1. Pape François, *Journées mondiales de la Jeunesse, Rio de Janeiro, 22-28 juillet 2013, Discours officiels et messages*, Salvator, 2013.

Quelle ardeur ! Avec quelle simplicité et quel réalisme !

Le pape François est loin de se satisfaire en levant les bras et en chantant « Alléluia ! ».

Les groupes pentecôtistes diffèrent beaucoup les uns des autres, chacun insistant sur la spécificité de leurs dogmes et de leurs rites. Toutefois, entre eux, la porosité opère des mélanges tels qu'il faut aussi beaucoup nuancer, sans chercher une cohérence rigoureuse.

À l'encontre des grandes Églises, les pentecôtistes disent qu'il existe un deuxième baptême, le baptême dans l'Esprit, par lequel ils sont véritablement sauvés. Ils s'assemblent dans des temples ou des lieux privés pour demander la grâce d'une guérison ou quelque autre bienfait. Ils imposent les mains aux malades, convaincus que ce geste sera efficace alors que la médecine est impuissante.

Ce qui les distingue le plus des autres chrétiens est le don du parler en langues, le don de glossolalie (du grec « *glossa* », langue et « *lalein* », parler), mentionné déjà dans la liste des charismes que l'apôtre Paul énumère dans sa première lettre aux Corinthiens (1 Co 14).

Le jour de la Pentecôte, tous les disciples : Mèdes, Parthes, Perses... entendent les apôtres chacun dans sa propre langue. Ce phénomène est toutefois quelque peu différent de celui dont parle l'apôtre Paul : le « glossolale » parle alors au nom d'un autre, et non pas en son nom personnel. Dans leurs assemblées, les pentecôtistes glossolales tiennent un langage non compris par les autres, ni même par eux-mêmes. Ce parler s'accompagne le plus souvent du mouvement des bras vers le ciel.

Pour fortifier la foi chez les chrétiens et les convertis, et pour les unir, au XVIIIe siècle un prédicateur américain, John Wesley, imposa une « méthode » de prière et ce fut l'apparition des méthodistes qui, en France, ont rejoint l'Église réformée en 1938.

Sur l'éventail du pentecôtisme, l'Assemblée de Dieu est la plus importante numériquement, et peut-être la plus vivante. Elle comptait soixante millions d'adeptes en 2008. En France, elle a progressé rapidement. De huit églises en 1933, elle est passée à vingt-six en 1937 et à plus de soixante en 1947. Elle dispose aujourd'hui d'environ huit cents lieux de culte. Et elle publie la revue *Pentecôte.*

CHAPITRE 6

Les charismatiques

Si les Évangiles n'usent pas du terme « charisme » pour désigner les dons de Jésus, par contre, il a la faveur de l'apôtre Paul qui a laissé à la postérité deux listes de charismes : l'une dans première lettre aux Corinthiens, la deuxième dans sa lettre aux Romains.

Aujourd'hui, après une période d'oubli, ce mot est de nouveau en vogue. On dit volontiers du sportif, du chanteur, de la vedette, du chef d'entreprise, d'un homme politique, qu'il a un « *don* », un talent dans l'exercice de sa profession ou plus simplement dans sa vie ordinaire. Les médias parlent des « charismatiques », ces groupes qui se réunissent pour parler en langues, pour se livrer à des séances de guérison ou pour chanter la louange du Seigneur, particulièrement en répétant inlassablement le mot hébreu « *Alléluia* », c'est-à-dire « Louez Ya » (= Yahvé). Ils tiennent une place de choix à la télévision, à la radio et dans la presse écrite quand ils se font remarquer par leurs excentricités et leurs déviances.

Fidèles à la Bible, les théologies chrétiennes, rappellent à la mémoire des croyants le « don » de la présence de Dieu dans l'arche d'alliance ou du don de la présence de Yahvé dans le Saint des Saints au Temple de Jérusalem. Jésus a fait du pain et du vin, consacrés pendant l'eucharistie, le partage de la vie de l'Esprit. Enfin, l'apôtre Paul s'adressera souvent aux premiers chrétiens pour raviver leur foi en ce que la tradition appellera « le corps mystique », le « corps » formé de ceux et de celles qui vivent le mystère humano-divin de Jésus. Le charisme du don de l'Esprit, expression chère à l'apôtre Paul, fait l'unité du corps du Christ, ce qui sera une des idées maîtresses que les pères du concile Vatican II rappelleront aux fidèles.

La Constitution conciliaire *Lumen gentium* (n° 32) déclare :

> « Dans l'Église, tous ne suivent pas le même chemin, tous cependant sont appelés à la sainteté, et ont reçu une foi égale par la justice de Dieu. Bien que par la volonté du Christ, certains soient établis, pour les autres, docteurs, dispensateurs des mystères et pasteurs, il règne cependant entre eux une vraie égalité quant à la dignité et à l'action commune à tous les fidèles pour l'édification du Corps du Christ. En effet, la distinction que le Seigneur a établie entre les ministres sacrés et le reste du Peuple de Dieu, comporte avec elle l'union [*conjunctio*], puisque les pasteurs et les autres fidèles sont liés entre eux par des relations réciproques ; que ceux-ci de leur côté apportent leur collaboration empressée aux Pasteurs et aux Docteurs. Ainsi, dans la vérité, tous apportent le témoignage de l'admirable unité [qui règne] dans le corps du Christ ; la diversité elle-même des grâces, des ministères et des activités rassemble les fils de Dieu dans l'unité, parce que « c'est le seul et même Esprit qui opère tout en tous » (1 Cor 12, 11).

Les groupes charismatiques sont d'origine protestante. Ils sont apparus aux États-Unis au XXe siècle. Leur objectif était de provoquer un renouveau chez les chrétiens, une nouvelle Pentecôte. Aussi ont-ils été nommés d'abord « néo-pentecôtistes ».

Le mouvement charismatique débute dans l'Église catholique en 1966, à l'Université Duquesne de Pittsburgh aux États-Unis. Le 17 février 1967, des professeurs et des étudiants font une expérience spirituelle « intense », avec imposition des mains, prières en langues, pleurs de joie... Le mouvement se développera d'abord dans les milieux intellectuels. Certains évêques et des militants d'Action catholique soupçonnent chez eux un désengagement social. Ils craignent qu'ils se livrent à une lecture de la Bible fortement teintée de fondamentalisme. Ils se méfient de leur piétisme, d'une piété dont les racines ne sont pas plantées dans le quotidien familial, social et politique.

D'autres évêques portent sur le charismatisme un regard plus positif. En novembre 1974, ils déclarent : « Une des grandes manifestations de l'Esprit en notre temps a été le concile Vatican II. Beaucoup croient aussi que le renouveau charismatique catholique est une autre manifestation semblable. » Le pape lui-même, Paul VI[1], lors d'un grand rassemblement à Grottaferrata (Italie) le 10 octobre 1973, donne son approbation :

> « Certaines notes communes, dit-il, apparaissent dans ce renouveau : le goût d'une prière profonde, personnelle et communautaire, un retour à la contemplation et un accent mis sur la louange de Dieu, le désir de se livrer totalement au Christ, une grande disponibilité aux appels de l'Esprit saint, une fréquentation plus assidue de l'Écriture, un large dévouement fraternel, la volonté d'apporter un concours au service de l'Église… En tout cela nous pouvons reconnaître l'œuvre mystérieuse et discrète de l'Esprit qui est l'âme de l'Église. »

---

1. Lors d'une audience générale, le 6 juin 1973, Paul VI avait déclaré : « À la christologie et spécialement à l'ecclésiologie du concile doivent succéder une étude nouvelle et un culte nouveau de l'Esprit saint, précisément comme complément indispensable de l'enseignement du Concile. » Cette grande dévotion de Paul VI lui valut d'être appelé « le pape du Saint-Esprit ». Elle constitue un point commun supplémentaire avec le pape François qui ne manque pas une occasion de souligner la vénération qu'il porte à son prédécesseur qu'il a par ailleurs béatifié, à Rome, le 19 octobre 2014.

Au troisième congrès international du Renouveau charismatique, en mai 1975, Paul VI, soucieux d'éviter de malencontreuses déviances de la part de certains groupes, donne trois principes de discernement: la fidélité à la doctrine, la gratitude et l'amour. Les conseils de prudence ne suffisent pas. Certains fondateurs, jaloux de leur autorité, se comportent en gourous. Ils font de leurs mouvements de véritables institutions. Ils n'acceptent pas ou mal d'être supervisés par Rome. Ils se veulent indépendants. Ces communautés qui tendent à se définir avec rigueur naissent dans les années 1970-1975. Elles se font connaître sous les noms de Théophanie, Sainte-Croix, Amen, Pauvres du Seigneur, Lion de Juda, Chemin Neuf, Emmanuel, Pain de Vie…

Le Lion de Juda qui, pour paraître plus fidèle à Rome, se nomma « Communauté des Béatitudes » fit un parcours mouvementé. Né en 1973, sa reconnaissance de droit pontifical en 2002 est remise en question. Rome, fin 2008, suspend le processus de reconnaissance engagé et décide que la Communauté dépendra des évêques de chaque diocèse.

Le 14 janvier 1979, l'archevêque d'Albi, Mgr Coffy, reconnaîtra la communauté des Béatitudes de droit diocésain. Elle rassemblait dans les groupes locaux, prêtres, religieuses, laïcs mariés et célibataires. Quelques maisons adoptaient la psychothérapie. Inspirées par le judaïsme, elles observaient le shabbat et pratiquaient des « danses d'Israël » en louange à Dieu. Des plaintes introduisent un processus judiciaire et la communauté réplique en déposant de son côté une dizaine de plaintes en diffamation, mais sans effet.

À la suite de scandales, Frère Ephraïm, le fondateur, et Philippe Madre, le premier supérieur général, tous deux diacres permanents, sont réduits à l'état laïc, respectivement en 2007 et en 2010. En finale, l'un et l'autre durent quitter la communauté. Celle-ci, le 16 novembre 2011, « reconnaît, avec une grande souffrance, que des actes très graves ont été commis par lesquels de jeunes enfants et adolescents ont été irrémédiablement blessés au plus profond de leur personne… Elle tient à exprimer aux victimes et à leurs familles sa douleur, son regret, sa honte devant de tels abus commis par celui qui était alors un des siens». Dans les années 2009-2011, Rome demandera l'élaboration de nouveaux statuts.

Le Chemin Neuf, créé par le Père Laurent Fabre à Lyon dans la tradition ignatienne, a fait preuve d'un puissant dynamisme, dans la fidélité à Rome. La communauté a des adeptes dans tous les continents. Son objectif spécifique est le service de l'unité des chrétiens et de la paix dans le monde. En 1992, elle a établi son Centre international de formation à l'abbaye de Hautecombe (Savoie), prenant la succession des moines bénédictins qui se sont installés à l'abbaye de Ganagobie, au-dessus de la vallée de la Durance.

La Communauté de l'Emmanuel, fondée en 1974, compte neuf mille membres. Elle est présente dans cinquante-sept pays. Le 5 octobre 1986, le pape Jean-Paul II à Paray-le-Monial, lieu de pèlerinage qu'anime l'Emmanuel, mentionna la communauté dans la liste de ses remerciements. Aussitôt, éclatèrent des «bravos» et des applaudissements. Le pape, malicieusement, tempéra cet enthousiasme en lançant: «Oui, Emmanuel! Bravo Emmanuel, Dieu avec nous!» (en hébreu «Emmanuel»: Dieu avec nous).

Face au phénomène charismatique, se manifestèrent de plus en plus des réticences de la part des catholiques militants, surtout dans les mouvements d'Action catholique. Les charismatiques ne déconnectaient-ils pas la spiritualité de la réalité quotidienne ? Ne formaient-ils pas un monde à eux comme des îlots dans le monde ? Être présent dans le monde, d'une présence active, ou prier pour le monde ? Les groupes charismatiques n'ont-ils pas affaibli les mouvements d'Action catholique ? Ne les ont-ils pas discrédités en se présentant comme vivant une spiritualité plus pure et plus exigeante ?

Les évêques affichèrent leur préférence. Ils furent de moins en moins nombreux à soutenir l'Action catholique. Certains d'entre eux estimèrent même que cette forme d'apostolat avait pris du retard par rapport à l'évolution générale de la société. Ils dirent que cette forme de vie militante avait fait son temps, qu'elle était peu efficace et pas assez visible. C'était le temps où l'on commençait à demander plus de visibilité pour l'Église. Il fallait montrer qu'on existait, il fallait s'affirmer en se contre-distinguant de la société.

Rappelons que la Constitution conciliaire, *Lumen gentium* avait fait preuve d'un équilibre remarquable en donnant à l'Esprit la place qui convenait. Elle avait eu le courage et la lucidité de distinguer et d'unir deux paroles : la parole des hommes et la Parole de Dieu. Sa densité incite à la citer longuement.

> « Le même Esprit, est-il écrit, non seulement sanctifie et conduit le Peuple de Dieu et l'orne de vertus par les sacrements et les ministères, mais « partageant ses dons à chacun comme il veut » (1 Cor 12, 11), il distribue parmi les fidèles de tout ordre des grâces spéciales, par lesquelles il les rend aptes et prompts à se charger de diverses œuvres ou offices, profitables à la rénovation de l'Église et au développement de sa construction, selon le mot de saint Paul : « À chacun est donnée la manifestation de l'Esprit en vue du bien commun » (1 Cor 12, 7). Ces charismes, qu'ils soient plus éclatants ou plus simples et plus largement répandus, sont très appropriés et très utiles aux nécessités de l'Église : il faut donc les recevoir avec actions de grâce et consolation. Quant aux dons extraordinaires, il ne faut pas

> les ambitionner témérairement, ni avoir la présomption d'en espérer les fruits de l'action apostolique ; mais le jugement sur leur authenticité et leur usage bien ordonné revient à ceux qui président dans l'Église, et à qui il appartient spécialement, non pas d'éteindre l'Esprit, mais de tout éprouver et de retenir ce qui est bon (cf. 1 Th 5, 12 et 19-20) (*Lumen gentium*, n° 12).

On a fait deux reproches majeurs aux charismatiques catholiques. D'abord, vouloir organiser leurs propres structures ecclésiales, c'est-à-dire faire une Église à eux à l'intérieur des diocèses. Puis, rechercher à paraître, à faire parler d'eux plus qu'à être, à faire de l'Évangile une façade attirante. Certains évêques reconnurent chez les charismatiques l'avantage d'une grande disponibilité. « Quand je demande des aumôniers pour les hôpitaux, disait le cardinal Decourtray, archevêque de Lyon, je ne trouve personne. Sauf les charismatiques. »

Un ouvrage publié par le Seuil en 1996 souleva une tempête. Leurs trois auteurs y racontaient leur itinéraire. Ils avaient d'abord sympathisé avec les charismatiques. Puis,

« effrayés ou blessés par des pratiques excessives », ils dénonçaient ceux qu'ils appelaient *Les naufragés de l'Esprit*, titre de leur livre, amplifié par le sous-titre : « *Des sectes dans l'Église* ». Le dictionnaire des sectes mit en cause certaines communautés, comme l'Opus Dei, les Foccolari, les Béatitudes, le Buisson Ardent, le Chemin Neuf... Il eût été plus juste de parler à leur sujet de « communautés à risque ou à tendance sectaire ».

La communauté Sant'Egidio (Saint Gilles) a échappé à ces critiques. Son évocation donne à ce chapitre sur les charismatiques une conclusion positive, une conclusion d'avenir. Sant'Egidio répond en effet aux critères et aux exigences d'une vie ecclésiale qui relève d'une authenticité remarquable. Sant'Egidio, nom de l'église de Rome dans laquelle les adhérents se retrouvent tous les soirs (aujourd'hui ces rencontres se font dans l'église San Dominico pour avoir un espace suffisant), a été fondée par Andrea Riccardi et quelques lycéens en 1968, dans la double mouvance de Vatican II et de mai 1968.

Ils voulaient, dans l'esprit de l'Évangile, prier pour l'*aggiornamento* de l'Église et de la société, avec une dévotion particulière pour François d'Assise. Leur vitalité les a fait aller dans les banlieues romaines où règne la misère. Ils découvriront vite que la charité, entendue au sens habituel de service, est insuffisante. Ils abandonnent l'expression « service des pauvres » pour cette autre, plus exigeante : « amis des pauvres ». Chacun des membres doit se faire ami de deux ou trois pauvres qu'ils fréquentent régulièrement.

Cette expérience leur fait découvrir que les problèmes de la misère et de la faim ne peuvent être résolus sans la politique. Convaincus que « la politique est la plus haute forme de la charité », ils font le choix d'un engagement citoyen. C'est ainsi entre autres qu'Andrea Riccardi, le fondateur, sera sollicité, à une époque où l'Italie est dans le marasme, pour être ministre des Affaires étrangères, puis de la Coopération internationale, de l'Intégration et de la Culture. Dans une conférence de Carême qu'il fit à Notre-Dame de Paris, fort de son expérience, il déclara bien haut : « Les catholiques doivent être un aiguillon politique. »

La communauté existe dans environ soixante-dix pays de quatre continents et compte cinquante mille membres, surtout des jeunes. Elle unit tradition et modernité. Elle trace à sa manière d'heureux chemins d'avenir. L'Esprit a soufflé dans le Trastevere.

CHAPITRE 7

Esprit où es-tu ?

Les recherches sur l'origine de l'*homo religiosus* révèlent l'impossibilité de localiser l'Esprit. Il est diffus dans l'univers, il est dans tous les êtres. Pour Hugues de Saint-Victor (théologien et mystique du Moyen Âge, né en 1096, mort en 1141), l'Esprit « n'a pas de dimension, mais il a du moins une limite, un terme (*terminus*). Étant ici et ailleurs, il est localisé bien qu'il ne crée pas d'étendue dans le lieu » (*Summa sententiarum*, 1, 5 PL 176, l. 50).

Il poursuit : « Il existe dans l'Écriture deux manières d'affirmer que quelque chose est localisé et circonscriptible ou bien possédant comme le corps une dimension de longueur, de largeur et de profondeur ; il crée dans le lieu une distance, ou bien parce qu'il est défini et déterminé par un lieu, de sorte qu'étant quelque part, on ne peut dire qu'il est partout, et ceci concerne non seulement le corps, mais aussi tout esprit créé » (*Liber sententiarum*, 14, 45, 1).

Immensité et ubiquité ! Dieu n'est ni en haut ni en bas, ni à droite ni à gauche. Il est seul à être omniprésent. Sans omniprésence, pas de présence ! Il est partout présent au même instant. Il n'a pas d'individualité propre parce qu'il n'est pas localisable, puisqu'il est partout.

Il est universel, il est présent dans tous les recoins de l'existence. Toujours aux aguets dans les consciences pour les réveiller et leur faire faire quelques pas sur des chemins insoupçonnés, pour les faire avancer à condition que les oreilles, ou plutôt les cœurs, s'ouvrent pour l'écouter. Il murmure comme les abeilles, promesse de miels parfumés aux odeurs d'une multitude de fleurs.

L'Esprit saint descend du ciel en langues de feu comme à Pentecôte : « *Une fois baptisé, Jésus aussitôt remonta de l'eau. Et voici que s'ouvrirent les cieux, et il vit l'Esprit de Dieu descendre, comme une colombe, et venir sur lui. Et voici une voix, partie des cieux, qui disait : "Celui-ci est mon Fils, le Bien-Aimé, qui a toute ma faveur"* » (Mt 3, 16).

L'évangéliste Jean fait dire à Jean-Baptiste : « *Celui qui vient d'en haut est au-dessus de tous… Celui qui vient du ciel est au-dessus de tous. Ce qu'il a vu et entendu, c'est de cela qu'il témoigne… Celui qui reçoit son témoignage confirme que Dieu est vrai* » (Jn 3, 31-33).

L'Esprit accompagna Noé et toutes les créatures menacées par les eaux du déluge. Il vint sous la forme d'une colombe pour annoncer la paix d'un monde nouveau.

Après des siècles de chicanes entre chrétiens romains et byzantins, les pères du concile Vatican II reconnurent qu'il fallait accorder une plus grande place à l'Esprit dans l'histoire du salut, ceci au prix de vives tensions chez les catholiques eux-mêmes. Le salut de l'Esprit était-il réservé seulement à ceux et celles qui appartenaient à l'Église catholique romaine ?

Les pères du concile révisèrent leurs relations avec les autres Églises, avec les orthodoxes qui s'étaient séparés des chrétiens d'Orient en 1054, avec les autres confessions issues de la Réforme : les protestants et les luthériens. Ils invitèrent à la prudence, déclarant: « Des Orientaux séparés qui, sous l'action de la grâce de l'Esprit saint, viennent à l'unité catholique, déclarèrent-ils, on n'exigera pas plus que ne requiert la simple profession de foi catholique » (Décret sur les Églises orientales, n° 25). Ils firent aussi un examen approfondi du salut pour les Juifs, pour tous ceux et toutes celles qui appartenaient aux autres religions, et même aux agnostiques et aux athées.

Ils insistèrent sur l'importance de l'action de l'Esprit saint, citant très souvent l'expression: « Sous l'inspiration de l'Esprit saint. » Ils recherchèrent un équilibre entre l'action de Jésus-Christ et de l'Esprit.

> « On doit maintenant affirmer par le Saint-Esprit tout ce qu'affirmèrent les auteurs inspirés ou les hagiographes; il s'en suit que l'on doit confesser que les livres de l'Écriture enseignent nettement, fidèlement et sans erreur, la vérité telle que Dieu, en vue de notre salut, a voulu qu'elle fût enseignée dans les Saintes Lettres », déclarèrent-ils dans la Constitution dogmatique *Dei Verbum* (n° 11).

Ils soutinrent encore plus fermement cette conviction, dans la Constitution *Gaudium et spes* (n° 22) : « Nous devons tenir que le Saint-Esprit offre à tous, d'une façon que Dieu connaît, la possibilité d'être associé au mystère pascal. » Cette déclaration surprit beaucoup d'évêques et de fidèles. Comment ? L'Esprit saint offert à tous, donné à tous ? Un vent de rajeunissement et de fraîcheur avait passé sous les voûtes de la basilique Saint-Pierre. Les pères conciliaires vécurent des semaines d'enthousiasme et d'espérance. Ce fut un soulagement et une joie pour les fidèles qui, dehors, attendaient parfois avec impatience, que l'institution Église donne des témoignages d'un *aggiornamento* qui réponde de fait aux besoins spirituels du temps. Besoins éprouvés par ceux qui étaient dedans et plus encore par ceux et par celles qui se trouvaient dans les marges. Besoin d'un renouveau !

> « L'Église a le devoir, à tout moment, de scruter les signes des temps et de les interpréter à la lumière de l'Évangile, de telle sorte qu'elle puisse répondre, d'une manière adaptée à chaque génération,

aux questions éternelles des hommes sur le sens de la vie présente et future et sur leurs relations réciproques, donc de connaître et de comprendre ce monde dans lequel nous vivons, ses attentes, ses aspirations, son caractère souvent dramatique », déclara *Gaudium et spes* (n° 4).

« L'Église est sacrement universel du salut » (*Lumen Gentium*, n° 48). Éclatante affirmation ! Dans son discours, le jour de la promulgation, Paul VI déclara : « Son attitude [celle du Concile] a été nettement et est volontairement optimiste. » Presque trop pour certains !

Le Pape et les pères conciliaires avaient connaissance de la campagne négative conduite par Mgr Marcel Lefebvre, évêque français, qui prit clairement position contre la liberté religieuse, et par certains cardinaux dont la tête de file fut le cardinal Ottaviani. Ils n'ignoraient pas davantage que, dans les instances romaines, du grade le plus élevé au plus petit « minutante » (secrétaire), on disait ouvertement : « Laissons-les partir [les pères conciliaires] et après, on fera ce qu'on voudra ! » C'est ce qui se passa ! La voix de l'institution couvrit celle de l'Esprit. Plus tard, certains estimèrent même qu'il fallait refaire une lecture des textes pour en mesurer la portée.

Esprit où es-tu ? Cette question pose d'insolubles problèmes de langage. L'Esprit est localisé là où il agit sur la matière quelle qu'elle soit si l'on en croit Hugues de Saint-Victor. Mais peut-il être localisable s'il est universel ? L'homme est pris au piège de la contradiction. Comment en sortir si ce n'est en repoussant la question au plus loin possible, au point oméga ?

Depuis le XIIe siècle, l'époque d'Hugues de Saint-Victor, que de mutations, que de découvertes ! Les chercheurs ont fait des pas de géants. Ils savent aujourd'hui que la matière est composée de particules de plus en plus petites, jusqu'à l'infini... Complexité et simplicité s'entremêlent au point que l'esprit humain est saisi d'un vertige absolu. Il progresse d'hypothèse en hypothèse plus que de certitude en certitude. Il avance dans l'obscurité lumineuse du mystère plus que dans la connaissance claire et définitive, à la poursuite du point Oméga, toujours devant.

CHAPITRE 8

De Babel à Pentecôte

De Babel à Pentecôte, ces deux temps de la Bible sont solidement liés l'un à l'autre, encore qu'ils évoquent deux situations radicalement opposées. La première étape cumule les malheurs, c'est l'écroulement d'une tour, la ruine d'une ville et le brouillage des langages (« *Babel* » en hébreu signifie « brouiller »). Isaïe parle même de la « cité du néant » (Is 24, 10). La deuxième est une fête exaltante qui célèbre l'unité dans la diversité.

Les habitants de Babel, comme le voulait la coutume de l'époque, élevaient des tours de prestige, les ziggourats, dont l'une, pour répondre à leurs folles prétentions, devait « *toucher le ciel et se perdre dans les nuées* » (Jr 51, 9).

Les hommes, dans leur ambition débordante, rêvaient de se substituer à Yahvé et d'assurer l'unité de l'humanité par un sévère impérialisme politico-religieux. Yahvé ne pouvait tolérer pareille idolâtrie. Il décide d'y mettre fin. Il dit : *« Allons, descendons et là brouillons leur langage, de sorte qu'ils n'entendent plus le langage des uns et des autres »* (Gn 11, 7).

Le récit de la Pentecôte (Ac 2, 1-13), lui, exprime la volonté de Dieu, une volonté qui construit, qui fait le contraire de ce qui s'est passé à Babel, qui est la célébration de l'unité dans le respect des diversités et des différences. Luc écrit (Ac 2 1-6) *« Et comme s'écoulait le jour de la Pentecôte, les disciples étaient tous réunis ensemble. Et tout à coup vint du ciel un bruit comme d'un violent coup de vent, qui remplit toute la maison où ils étaient assis. Et ils virent apparaître des langues comme de feu, qui se partageaient, et il s'en posa une sur chacun d'eux. Et tous furent remplis d'Esprit Saint, et ils se mirent à parler d'autres langues, selon que l'Esprit leur donnait de prononcer. »* Le don de l'Esprit corrige le brouillage et la division, qui avaient été la conséquence de l'écroulement de la tour de Babel.

Aujourd'hui, les chrétiens lisent dans le récit de la Pentecôte l'événement fondateur, non seulement du dialogue interreligieux, mais aussi interculturel. Les hommes ont la possibilité de se parler et de se comprendre quelles que soient les langues, les cultures et les civilisations. Il faut même y lire l'invitation pressante adressée à tous les terriens de donner une suite à la Pentecôte. « *Comment donc les entendons-nous chacun dans notre langue maternelle ? Parthes et Mèdes, et Élamites, et habitants de la Mésopotamie, de Judée et de Cappadoce, du Pont et de l'Asie, de Phrygie et de Pamphylie, d'Égypte et de la région de la Libye voisine, de Cyrène, et Romains, résidant ici, Juifs et prosélytes, Crétois et Arabes, nous les entendons parler dans nos langues des grandeurs de Dieu !* » poursuit l'apôtre Luc (Ac 2, 8-11), se faisant un plaisir d'évoquer une telle diversité. Pierre, pour donner une dimension universelle à ce qui vient de se passer, cite abondamment le prophète Joël en rapportant les propos de Yahvé : « *Il arrivera dans les derniers jours, que je répandrai de mon Esprit sur tout homme.* » Révélation de la plus haute importance, il la répète : « *En ces jours-là, je répandrai de mon Esprit, vos fils et vos filles seront prophètes* » (Ac 2, 17). La Pentecôte est un commencement qui se déploiera jusqu'à la fin des temps.

La mondialisation que certains, aujourd'hui, considèrent comme un des maux les plus nocifs pour l'avenir des peuples et des États, offre au contraire des possibilités de rencontres, d'interdépendances et de solidarité comme il n'y en a jamais eu autant depuis les débuts de l'histoire de l'humanité. Les hommes, de plus en plus dépendants les uns des autres, ceci par l'efficacité accrue des moyens de transport, des médias et de l'internet, sont contraints de vivre ensemble, dans la tolérance, et plus profondément, dans le respect de leurs différences et de leurs diversités.

Phénomène inouï de métissages et d'échanges planétaires ! Des changements et des mutations, assurément ! Mais, bien plus, une formidable révolution. Passage de l'effondrement de la tour de Babel et de la ruine de Babylone à la Pentecôte, la fête de l'unité et de la diversité de l'humanité. Mais les tentations sont loin d'être rayées de l'histoire. Perdurent les prétentions humaines : orgueil, jalousie, intérêts matériels, pouvoir... reproduisent les prétentions babyloniennes qui substituent l'esprit humain (avec la minuscule), à l'Esprit de Dieu (avec la majuscule). Certains, sur-nantis, tournent le dos à l'Esprit et cèdent à la pratique des injustices économiques et salariales, mettent leurs avoirs dans les paradis fiscaux et ignorent les cinquante pour cent de l'humanité condamnés à vivre en dessous du seuil de pauvreté, ainsi que les trente millions d'enfants qui, chaque année meurent de faim…

Scandales intolérables qui défient l'Esprit. Jamais les hommes n'ont accumulé autant de richesses qui sont aussi mal partagées. Esprit où es-tu ? Comment peux-tu tolérer d'aussi graves perversités, à croire que nous sommes au temps de l'Ancien Testament, avant que Jésus annonce l'ordre nouveau, le royaume des cieux !

Les hommes et les femmes de bonne volonté sont pourtant multitude. Ils ne se serrent sans doute pas assez les coudes pour répondre à l'attente de l'Esprit. Insuffisance d'une solidarité positive. Insuffisance du dialogue, quelles que soient les races, les couleurs, les langues et les convictions.

Refaire Pentecôte, oui ! Unité et diversité. Égalité et liberté… L'Esprit est l'artisan de l'union de ces contraires. Mieux ! Il établit la communion des diversités, source d'un dynamisme qui fonde le Royaume de Dieu. « La vérité ne peut s'imposer que par la force de sa propre vérité » a déclaré le concile Vatican II.

Le théologien et dominicain français Claude Geffré conclut ainsi son essai dédié à la théologie interreligieuse[1] :

> « Je répète que je puis adhérer dans la foi à la vérité de ma tradition religieuse tout en reconnaissant que cette vérité n'est ni exclusive, ni inclusive de toute autre vérité d'ordre religieux. C'est le fondement même du dialogue interreligieux qui est bien autre chose qu'un compromis fait de tolérance mutuelle. »

Pour donner à sa pensée une dimension universelle, pour la cautionner, il fait référence à deux expériences inspirées par deux traditions. D'abord, une citation de Franz Rosenzweig (1886-1929), juif, philosophe allemand, spécialiste de Hegel :

1. Claude Geffré, *De Babel à Pentecôte*, coll. « Cogitatio Fidei », Cerf, 2006, p. 348.

> « Nous savons que c'est l'essence de la vérité d'être en partage et qu'une vérité qui ne serait en partage à personne ne serait point une vérité ; même la vérité entière n'est vérité que parce qu'elle est la part de Dieu ».

Ensuite, une citation de Pierre Claverie, évêque d'Oran (né en 1938 et assassiné le 1er août 1996) : « Je suis croyant, je crois qu'il y a un Dieu, mais je n'ai pas la prétention de posséder ce Dieu-là, ni par Jésus, ni par les dogmes de ma foi : on ne possède pas Dieu. »

Personne n'est propriétaire de Dieu. Aucune religion ! Aucun groupe ! Aucun individu ! Par contre, l'Esprit de Dieu propose son message à tous les hommes. Il est de la responsabilité de chacun d'y répondre, comme il veut, libre qu'il est de son devenir. Libre du choix du « vivre ensemble ».

Chacun, pour vivre en harmonie avec les autres, se doit de vouloir dialoguer avec tous, dans le respect des consciences, et animé par l'esprit de justice qui naît au cœur de chacun.

CHAPITRE 9

L'Esprit à l'œuvre aujourd'hui

Si significatif que soit le témoignage de la communauté Sant'Egidio, il n'épuise pas l'action de l'Esprit dans le monde. Celui-ci agit toujours et de mille manières par l'intermédiaire des hommes, qu'ils soient croyants, agnostiques et même, athées.

Le concile Vatican II provoqua une bouleversante surprise quand il reconnut que la voix de l'Esprit se faisait entendre en toute conscience humaine. Si Dieu est Dieu, son Esprit parle à tous et à chacun. Cette déclaration fut, pour la tradition catholique une rupture aux conséquences incalculables.

> « Ceux qui, sans faute de leur part, ignorent l'Évangile du Christ et de son Église, déclarèrent les pères conciliaires, et cependant cherchent Dieu d'un cœur sincère, et s'efforcent, sous l'influence de sa grâce, d'accomplir dans leurs œuvres la volonté de Dieu telle qu'ils la connaissent par la dictée de leur conscience [il faut souligner l'importance de cette expression !] ceux-là peuvent obtenir le salut éternel. La divine Providence ne refuse pas les secours nécessaires pour leur salut à ceux qui, sans faute de leur part, ne sont pas encore parvenus à une connaissance explicite de Dieu, et s'efforcent, non sans le secours de la grâce, de mener une vie droite. Tout ce qui se trouve chez eux de bon et de vrai, l'Église l'estime comme une préparation à l'Évangile et un don de celui qui illumine tout homme pour qu'il ait enfin la vie » (*Lumen Gentium*, n° 16).

Les précautions et les nuances de ce texte laissent deviner que son élaboration obligea les pères conciliaires à se livrer à de délicats débats.

La théologie catholique demande aux fidèles de reconnaître que l'action de l'Esprit est universelle. Dans la foulée de la Constitution *Lumen Gentium*, les pères conciliaires voteront donc un des textes majeurs du Concile : la Constitution *Gaudium et spes*.

> « Participant à la lumière de l'intelligence divine, affirment-ils, l'homme [il n'y a aucune restriction !] a raison de penser que, par sa propre intelligence, il dépasse l'univers des choses. Plus que toute autre, notre époque a besoin d'une telle sagesse pour humaniser ses propres découvertes, quelles qu'elles soient. »

Remarquons une fois de plus que, pour la Bible, sagesse est souvent l'équivalent de l'Esprit de Dieu. Les pères conciliaires concluent : « Par le don de l'Esprit, l'homme parvient, dans la foi, à contempler et à goûter le mystère de la volonté divine » (*Gaudium et spes*, n° 15).

L'Esprit est sans relâche à l'œuvre. Il lui suffit d'être là pour agir. Présence et action sont indissociables. Une seule condition est nécessaire à son efficacité, mais quelle condition ! L'homme ne peut refuser de participer de quelque manière que ce soit. Il dispose du pouvoir inouï, celui d'être le médiateur entre l'Esprit qui crée le monde et lui qui a pur vocation de le transformer, qui entend l'appel retentissant à se laisser pousser par le vent vers des horizons plus lumineux et plus heureux.

L'Esprit n'agit pas sans la mobilisation, sans l'engagement de l'homme. Il lui faut le concours de ses mains et de son intelligence pour que bougent et progressent les choses du monde. Jeu merveilleux de la collaboration active du ciel et de la terre. Telle est l'œuvre quotidienne sans laquelle tout s'écroulerait, tout s'effondrerait comme à Babylone. Le mal qui sclérose les initiatives positives des hommes puise ses énergies négatives dans la complaisance qu'ils éprouvent à répandre par les ondes médiatiques, comme un virus, ce qui ne va pas. On ne le sait que trop, on parle des trains qui n'arrivent pas à l'heure plutôt que ceux qui arrivent dans les temps ! Ce sont les accidents qui font événement, qui méritent de figurer à la « une » des journaux, plutôt qu'une réussite chirurgicale ou une découverte biologique ou physique. Ainsi s'épaissit un climat délétère. Ainsi se peint de noir le moral. Ainsi s'éloigne l'Esprit qui n'aime guère le pessimisme et la mélancolie. Il s'en va pour souffler ailleurs, là où les initiatives donnent à espérer, là où on pratique les résiliences.

L'Esprit de Dieu n'est point grincheux. Comment pourrait-il l'être puisqu'il est Dieu ? Les traits de son visage ne sont pas creusés par la moue de la déception, de la rancœur ou de l'amertume. Il nous convie à vivre dans le quotidien, à entendre la radio et à voir à la télévision les nouvelles qui nous disent son active présence. Il y a des reportages qui nous apprennent que l'humanité et les institutions sont en route vers le point Oméga.

Certains ont estimé que la constitution *Gaudium et spes* était trop optimiste, que la vision de Teilhard de Chardin était trop rose ! Nietzsche ne reprochait-il pas aux chrétiens de ne pas avoir des visages de « ressuscités » ?

En portant l'attention sur l'action de l'Esprit saint, nous avons pressenti la difficulté à dénombrer les groupes qui, de manières différentes et à des degrés divers, se mettent sous son influence. Il est impossible d'en faire un bilan exhaustif. D'ailleurs, à quoi cela servirait-il, car ce qui compte n'est-ce pas surtout leur qualité plutôt que leur quantité ? La faveur pour les statistiques quantitatives sert souvent de trompe-l'œil. Pointons quelques problèmes ou quelques faits pour mieux saisir la vie de l'Esprit chez les uns et les autres.

La tradition constante de l'Église a voulu que les fidèles s'appliquent à regarder dans le rétroviseur et à faire le point. Faire ce que les ordres religieux et les congrégations appellent le « discernement » à la suite des grands maîtres spirituels. Ce qui faisait l'objet de la « direction spirituelle. » Ce que le catéchisme ou les communautés appelaient « examen de conscience. » Ce que l'Action catholique, à sa grande période, nommait la « révision de vie » qui se déroulait classiquement en trois temps : voir, juger et agir. Il s'agissait alors moins de se repentir et de demander pardon que de changer, d'avancer et de se convertir.

Aujourd'hui, surtout depuis le pontificat de Jean-Paul II, l'Église a misé sur le goût des grands rassemblements. Elle y a vu un remède à la baisse vertigineuse des pratiquants, à l'indifférence religieuse des jeunes, à la diminution du clergé et des vocations... Mais ces succès qui satisfont surtout les hiérarchies ne comportent-ils pas des dangers ? Qui écoute-t-on dans ces grandes manifestations ? Ne faut-il pas se garder de confondre « l'effet foule » avec l'action de l'Esprit ? L'histoire ne compte pas le nombre de défilés dans les rues et les meetings sur les places publiques où la revendication de la liberté masquait la présence de liberticides.

Aujourd'hui, Internet, par ses immenses capacités, ouvre les consciences à deux effets contraires : la liberté et le bourrage de crâne. Le développement de l'individualisme gagne la planète entière. Chacun tend à se mettre à son compte, ce qui s'oppose radicalement à la volonté de l'Esprit qui vise au « bien vivre ensemble de l'humanité. »

Pour répondre cependant aux besoins de relations, des groupes dits « informels » se créent. Ces groupes, peu définissables par nature, sont des lieux où l'Esprit parle par la bouche de personnes qui cherchent des réponses aux questions cruciales posées par les mutations de tout genre dont elles sont à la fois actrices, victimes et témoins. Chacun vient pour réfléchir avec d'autres aux problèmes qui concernent sa foi, son sens de la vie, le mal-être dans une institution, l'Église, qui répond mal à ce qu'ils attendent, qui ne savent plus très bien s'ils appartiennent encore à cette communion ou s'ils sont sur les marges, ou s'ils sont dehors. Ils se réunissent pour parler de tout cela en toute liberté et sans aucune autocensure, sûrs qu'ils seront écoutés sans être jugés, condamnés, mis aux rangs des hérétiques ou des schismatiques.

Ces groupes n'entretiennent pas de relations institutionnelles, ils ne figurent pas dans les organigrammes diocésains. Ceux qui les fréquentent maintiennent toutefois des liens, mais combien ténus, avec les paroisses ou le clergé lors d'une naissance, d'un mariage ou d'un décès. L'éventail de leurs postures spirituelles est largement ouvert, d'une quasi-indifférence jusqu'aux exigences inspirées par l'Évangile. Ils veulent souvent une Église réformée dans ses dogmes et ses rites, plutôt qu'une Église rajeunie. Une Église proche des communautés chrétiennes primitives.

Ils sont jaloux de leur autonomie, guidés qu'ils sont par leur conscience individuelle. Ces groupes ne cherchent pas à constituer un courant ou un mouvement, sauf quelques exceptions comme le Parvis. Ils représentent toutefois un potentiel considérable de renouveau dont il faut tirer parti sans tarder car ils sont constitués surtout de têtes blanches ou grisonnantes.

Il est un autre phénomène rassurant. Les abbayes, les monastères et autres maisons religieuses enregistrent une fréquentation croissante. Il est même des agnostiques, des personnes en recherche ou simplement des curieux qui viennent passer quelques heures ou quelques jours dans l'une ou l'autre de ces oasis pour voir un peu mieux ce qu'est la vie spirituelle des moines et des mystiques et la transcrire en poésie.

Gabriel Ringlet, prêtre journaliste belge, dans un beau livre[1] publié il y a peu, a inventé l'heureuse expression « moines-poètes » pour désigner ces religieux qui font usage de la poésie pour être au plus près du langage de l'Esprit.

L'Esprit est Parole d'un Dieu qui se tait. Il est le Poète du Père d'un bout à l'autre de la Bible, de la Genèse à l'Apocalypse, en passant par les prophètes Isaïe et Jérémie, le Livre de la Sagesse, le Cantique des cantiques, et tant d'autres, jusqu'à Jésus qui racontait des paraboles à ses amis sur les sentiers de Galilée.

Bible et poésie. C'est souvent ainsi que l'Esprit parle aux hommes.

1. Gabriel Ringlet, *Effacement de Dieu, la voie des moines-poètes*, Albin Michel, 2013.

CHAPITRE 10

Peut-on lui donner un nom ?

Ce chapitre, cœur de l'ouvrage, pose des questions essentielles. Est-il possible de donner un nom à l'Esprit ? Si oui, lequel ? Un obstacle majeur, sous forme de dilemme, laisse la question sans réponse. Quand on pose la question : « Qui est le Saint-Esprit », on le met au rang des « personnes » après le Père et le Fils, comme l'ont fait les pères conciliaires des premiers conciles œcuméniques. Si l'on pose la question : « Qu'est-ce que l'Esprit saint ? », on se trouve égaré dans une nébuleuse. Impasse, voie sans issue ! Le croyant est incapable de faire la lumière. L'Esprit est en effet une réalité indescriptible et indicible.

Tout au long de la Bible, qu'il s'agisse de l'Ancien ou du Nouveau Testament, cette difficulté est toujours présente. L'homme qui croit, souffre de cette insuffisance ou de ce manque. Il est frustré. Et cela d'autant plus que l'Esprit est une réalité très prégnante de l'existence humaine. Le terme, en usage dans toutes les civilisations, est brouillé comme une photo victime d'une grossière erreur de mise au point.

Le nom « Esprit » revient trois cent soixante-quinze fois dans le Nouveau Testament. C'est dire son importance. Dieu parle dans les Écritures par l'Esprit. Et on en conclura que celles-ci sont inspirées. Elles sont une parole qui vient d'en haut. L'apôtre Paul écrit à son ami Timothée :

> « *C'est, sans contredit, un grand mystère que celui de la piété,*
> *qui a été manifesté dans la chair,*
> *justifié dans l'Esprit,*
> *vu des anges,*
> *proclamé parmi les nations,*
> *cru dans le monde,*
> *enlevé dans la gloire* » (1 Tm 3, 16).

Au temps de l'exil, Ézéchiel évoquait le rôle de l'Esprit sur lui. « *Un esprit entra en moi, selon ce qu'il m'avait dit, il me fit tenir sur mes pieds, et j'entendis celui qui me parlait. Il me dit : Fils d'homme, je t'envoie vers les fils d'Israël, vers un peuple de révoltés qui se sont révoltés contre moi. Eux et leurs pères m'ont été infidèles jusqu'à ce jour même* » (Ez 2, 2-3). Plus loin, il écrit encore : « *Un esprit m'enleva, et j'entendis derrière moi le bruit d'un grand fracas : "Bénie soit la gloire de Yahvé, de son lieu !" C'était le bruit des ailes des Vivants battant l'une contre l'autre* » (Ez 3, 12-13).

Isaïe, lui, présente le peuple tout entier transfiguré par l'Esprit. Il conclura qu'il semble absent parce qu'il n'y a plus de prophètes en Israël. Les Juifs pieux classaient les hommes en deux catégories : ceux qui étaient animés par « l'Esprit de vérité », et les autres, animés par « l'Esprit d'adversité ».

Dans le Nouveau Testament, l'Esprit ne cesse d'être présent mais comment savoir que c'est bien lui ? Ce sont les résultats de son action qui signent sa présence : les guérisons, les conversions, la transfiguration…

Pentecôte dit par les langues de feu que l'Esprit habite les disciples. Elle inaugure des temps nouveaux, les temps de l'Esprit.

Jésus n'avait-il pas dit à eux qui se désolaient du départ du maître : « *Il est bon que je m'en aille* » ? Il leur enverra le Paraclet qui leur apprendra beaucoup de choses parce qu'il n'a pas pu tout leur dire. L'Esprit leur apprendra plus que ce que Jésus leur a enseigné. « *Cependant moi je vous dis la vérité. Mieux vaut pour vous que moi je m'en aille, car si je ne m'en vais pas, le « Paraclet » ne viendra pas vers vous ; mais si je pars, je vous l'enverrai* » (Jn 16, 7). Jésus se retire et laisse la place à l'Esprit. C'est là une des marques privilégiées de l'authenticité de la mission de Jésus. Il ouvre la voie à l'Esprit.

S'il est relativement aisé de parler du Père en raison de l'expérience que les hommes ont de la paternité ; s'il est relativement facile de parler du Fils en se référant à la filiation, il est par contre fort malaisé de parler de l'identité de l'Esprit. Est-il possible d'évoquer cette réalité immatérielle ? Ses actions signent son identité. Mais, est-on bien sûr que c'est lui qui agit ? Cette question condamne la tendance que certains ont à voir à tout moment l'action véridique de l'Esprit dans mille et une choses de la vie, des plus banales aux plus étonnantes.

Comment définir l'Esprit puisqu'on ne peut pas en tracer les limites ? Puisqu'on ne peut lui attribuer des frontières matérialisées ? Quand la Bible parle de lui, tout reste bien flou. Question plus fondamentale : si l'Esprit n'a pas de matérialité, comment peut-il agir sur la matière, et inversement, comment la matière peut-elle agir sur lui ? « La pensée occidentale, écrit le cardinal Paul Poupard[1], identifie instinctivement l'esprit comme le contraire de la matière. Dire que Dieu est un pur esprit, c'est affirmer qu'il n'a rien de commun avec notre nature corporelle. »

La Bible, pour parler de lui, use de symboles : l'eau, le feu, l'air, le vent… Le procédé a l'avantage de déclencher l'imaginaire, sans toutefois définir avec précision. Elle désigne l'Esprit par le mot hébreu : « *ruah* », le souffle, c'est-à-dire le vent, la brise, l'ouragan, la respiration. L'Esprit est un nom commun à toutes les langues. La Bible le nomme en grec « *pneuma* », en latin « *spiritus* », c'est-à-dire « le souffle. » Il est révélé dans l'Ancien Testament comme la force divine qui « *transforme des personnalités*

1. *Dictionnaire des religions*, Paul Poupard, Coll. Quadrige, Puf, 2007

humaines, les rend capables de gestes exceptionnels». Il assure l'unité d'Israël. Il prolonge l'épopée de la marche du peuple dans le désert vers la Terre Promise où coulent le lait et le miel.

À peu près huit cents ans avant l'apôtre Paul, Isaïe fait une liste de six attributs de l'Esprit saint: « *esprit de sagesse et de discernement; esprit de conseil et de vaillance; esprit de connaissance et de crainte du Seigneur* » (Is 11, 2). L'Ancien Testament, tantôt assimile la sagesse à Yahvé, tantôt les distingue. La sagesse est une réalité divine qui existe depuis toujours et pour toujours. « *Moi, je suis sortie de la bouche du Très-Haut et telle une vapeur, j'ai couvert la terre. Moi, dans les hauteurs, j'ai dressé ma tente et mon trône était dans une colonne de nuée. Seule, j'ai fait le tour du cercle du ciel et dans la profondeur des Abîmes je me suis promenée. Sur les flots de la mer et sur toute la terre, et sur tout le peuple et toute nation, j'ai dominé* » (Sir 24, 22).

S'adressant aux chrétiens de Rome, Paul précisera encore sa doctrine de l'Esprit saint: « *Il n'y a donc maintenant plus aucune condamnation pour ceux qui sont en Christ Jésus. Car la loi de l'esprit de vie en Jésus-Christ t'a libéré de la loi du péché et de la mort qui donne la vie en Jésus-Christ m'a libéré de la loi du péché et de la mort... Nous marchons sous l'empire de l'Esprit qui fait de vous des fils adoptifs et par lequel nous crions : Abba, Père !* » (Rom 8, 1-11).

CHAPITRE 11

Le bien nommé

Il n'est sans aucun doute de nom plus approprié pour désigner l'Esprit que celui d'Amour. Amour dans sa plus vaste extension : amour de soi, amour de Dieu et amour des autres.

Au légiste qui posait à Jésus la question : « *Maître, que dois-je faire pour recevoir en héritage la vie éternelle*? », celui-ci répond : « *Tu aimeras le Seigneur ton Dieu, de tout ton cœur, et avec toute ton âme, avec toute ta force et avec toute ta pensée, et ton prochain comme toi-même… Tu as correctement répondu ; fais cela et tu vivras* » (Lc 10, 25-28).

Pour se faire comprendre, pour rendre sa pensée plus accessible à ses disciples et à ses auditeurs, Jésus leur raconte « *la parabole du Bon Samaritain* ». Ce n'est ni le prêtre ni le lévite qui fait l'œuvre de l'Esprit, mais celui qui fait preuve de bonté à l'égard de celui que les brigands ont lâchement abandonné dans le fossé.

Tout au long de la Bible, l'Esprit n'est pas seulement celui qui sait, il est avant tout celui qui témoigne de l'amour à l'égard de tous, même des ennemis. Le Dalaï-Lama dit[1] que le but des religions est de nourrir d'amour le cœur des hommes.

> « Le but de toutes les principales traditions religieuses, écrit-il, n'est pas de construire de grands temples à l'extérieur, mais de créer des temples de bonté et de compassion à l'intérieur, dans nos cœurs. »

Il ajoute : « L'affection et le respect des autres sont vitaux pour notre bien-être. »

Aux funérailles des moines de Tibhirine, l'abbé général des Cisterciens, Dom Bernardo Olivera, dira :

> « Si l'autre n'existe pas, il n'y a pas de place pour le véritable amour. Laissons-nous

---

1. Dalaï-Lama, Sofia Stril-Rever, *Mon autobiographie spirituelle*, Presses de la Renaissance, 2009.

désinstaller et enrichir par l'existence de l'autre. »

Parmi les nombreuses citations possibles, faisons place au poète français Paul Valéry (1871-1945) :

> « J'observerai [ici] que la tolérance, la liberté des opinions et des croyances, est toujours fort tardive ; elle ne peut se concevoir et pénétrer les lois et les mœurs, que dans une époque avancée, quand les esprits se sont progressivement enrichis et affaiblis de leurs différences échangées. »

Place aussi à Fedor Dostoïevski, grand écrivain russe, (1821-1881) qui écrira dans son journal[1] : « Toute société pour se maintenir et vivre, a besoin absolument de respecter quelqu'un ou quelque chose, et surtout que ce soit le fait de tout le monde. »

Confucius, célèbre sage chinois, (vers 551-479 avant J.-C.), faisait déjà de l'Esprit le tisserand de l'univers. « Ma voie, disait-il, est traversée par un fil qui relie tout. » Lao-Tseu,

1. Fedor Dostoïevski, *Journal d'un écrivain*, coll. « Pléiade Bibliothèque » n° 234, Gallimard, 1972.

philosophe chinois (VIe-Ve siècle avant J.-C.), célébrait l'Unité par l'Un :

> « Par l'Un, le ciel est clair
> Par l'Un, la terre est stable
> Par l'Un, les esprits sont lumineux
> Par l'Un, les dix mille êtres sont générés. »

Ce constat donne beaucoup à espérer. Quelles que soient les cultures et les civilisations, l'homme reconnaît qu'une transcendance fait l'unité du monde. Tous les êtres sont invités à s'aimer et à se respecter. Ne serait-ce pas une belle anticipation de ce que nous appelons aujourd'hui l'écologie ?

La liturgie eucharistique fait précéder et suivre la consécration de deux prières qui, l'une et l'autre, sont une supplication adressée à l'Esprit qui est amour. Avant la consécration, le prêtre dit, les mains posées sur le pain et le vin : *« Sanctifie ces offrandes en répandant sur elles ton Esprit. Qu'elles deviennent pour nous le corps et le sang de Jésus-Christ Notre Seigneur ! »* Après la consécration, la prière du célébrant confirme : *« Humblement, nous te demandons qu'en ayant part au corps et au sang du Christ, nous soyons rassemblés par l'Esprit sen un seul corps.* »

L'image du corps est des plus significatives : l'Esprit unit l'assemblée par un lien aussi fort, et bien plus, que le corps humain unit tous les éléments corporels : tête, bras, mains, jambes… L'Esprit, au sens le plus fort du terme, fait cette unité qu'à la suite de l'apôtre Paul, les Églises chrétiennes appelleront *« le Corps Mystique du Christ »*.

Depuis peu, on a introduit dans le langage courant le mot « solidarité » pour signifier cette unité. Cette évolution linguistique engage tous les hommes, quelles que soient leurs convictions, à œuvrer à la justice, au partage et à la paix. Andrea Riccardi, le fondateur de la communauté Sant'Egidio disait, dans une des Conférences de Carême à Notre-Dame de Paris en 2012 : « Nous nous trouvons devant un grand besoin de notre temps, la solidarité. »

À l'adresse des chrétiens, il précisait :

> « Une vie chrétienne est amie de Dieu et des pauvres : spirituelle et sociale, sans divorce entre le sacrement de l'autel et le sacrement du pauvre. On répare ainsi le

> divorce entre spiritualité abstraite, ou éloignée des hommes, et engagement social sans contenu religieux, qui se transforme en politique, en idéologie ou sociologie. Tels sont les germes de plénitude d'un christianisme qui grandit dans l'histoire. »

Il ajoutait : « L'Esprit saint est le grand artisan du vivre ensemble. »

Amour, n'est-ce pas le plus beau nom que l'on puisse attribuer à l'Esprit saint ?

CHAPITRE 12

Temps nouveaux

L'Église catholique romaine, après des siècles relativement tranquilles, dut se réveiller brusquement, soumise qu'elle fut à la Réforme protestante de Luther (1483-1546) et de Calvin (1509-1564). Ce fut le concile de Trente qui dura presque une vingtaine d'années (1545 à 1563). On remarquera que les dates de la mort de Luther et de Calvin correspondent à peu près aux dates du début et de la fin du concile de Trente.

Ce concile aboutit à un raidissement général des dogmes et des rites. Cette reprise en mains eut, certes, l'avantage de plus de vigueur et de vitalité mais elle entraîna de fâcheuses conséquences jusqu'au concile Vatican I, organisé précisément pour assouplir ces rigidités. Malheureusement, il fut suspendu par la guerre de 1970 et jamais repris.

Pour procéder aux changements qui s'imposaient du fait de l'évolution des peuples et des religions, le pape Jean XXIII prit, à la surprise générale, l'initiative d'organiser le concile Vatican II, un concile de mise à jour, un concile d'*aggiornamento*.

Presque l'unanimité des pères conciliaires prit le parti de la nouveauté. Cependant une faible minorité constituée par des membres de la Curie (le gouvernement central de l'Église) et par quelques évêques résidentiels s'opposa fortement, déclarant la doctrine catholique inchangeable et immortelle. Ce qui aboutit au schisme dont le chef de file fut Mgr Marcel Lefebvre, ancien évêque de Tulle.

Depuis, trois papes se sont succédés. D'abord Jean-Paul II (cardinal Wojtyla), élu le 16 octobre 1978. Polonais, il prend une place importante dans la libération de la Pologne du joug soviétique. Le régime communiste sera pour lui un danger et un obstacle majeurs. Aussi, s'appliquera-t-il à organiser d'énormes manifestations, notamment ses voyages et les Journées mondiales de la jeunesse (JMJ), cela au détriment de la collégialité épiscopale déclarée par Vatican II.

Il fut plus attentif à rendre l'Église visible qu'à contrôler et à renouveler la Curie romaine. Les affaires (pédophilie, scandales financiers de l'Institut pour les œuvres de religion, IOR, autrement dit la banque du Vatican) vinrent confirmer les faiblesses de ce pontificat.

C'est le cardinal Joseph Ratzinger qui fut élu successeur le 19 avril 2005. D'origine allemande, théologien de renom, il fut troublé et même déstabilisé par les événements de mai 1968 alors qu'il était recteur de l'Université de Tübingen et que son adjoint, Hans Kung, théologien suisse, ne dissimulait guère sa satisfaction d'entendre les revendications des étudiants.

Joseph Ratzinger dirigea le Saint-Office[1], le dicastère garant de l'orthodoxie de la doctrine catholique, pendant une vingtaine d'années. Grand intellectuel, doté de précieuses qualités spirituelles, travailleur acharné, la dimension

1. La Sacrée Congrégation du Saint-Office, chargée de veiller au respect de la doctrine dans l'Église catholique, fut remplacée en 1965 par la Congrégation pour la doctrine de la foi.

pastorale de sa fonction était quelque peu rétrécie. Fatigué par ses lourdes responsabilités et ses nombreuses difficultés, il prit la courageuse décision de la démission. Un acte historique puisque l'histoire ne relève qu'une exception, au XIIIe siècle, la démission de Célestin V : un moine élu pape qui, après quelques mois de pontificat, voulut retourner à la vie monastique.

La démission de Benoît XVI provoqua une immense surprise médiatique. Comment un pape élu à vie pouvait-il démissionner ? Que deviendrait l'infaillibilité pontificale ?

Après trois tours de scrutin seulement, les pères conciliaires élirent le cardinal Jorge Maria Bergoglio le 13 mars 2013. Il n'était ni italien ni de quelque autre pays d'Occident. Il venait d'Argentine. Il était latino-américain ! Des nouveautés ! Il est d'une autre culture. Il a d'autres sensibilités et conceptions religieuses ! D'emblée aussitôt élu, il se présente à la foule massée sur la place Saint-Pierre ainsi qu'aux téléspectateurs de tous pays, non pas comme le souverain pontife mais comme l'évêque de Rome et invite les fidèles à prier pour lui afin qu'il assume au mieux ses responsabilités.

Ce nouveau pape met au cœur de sa spiritualité le Saint-Esprit. En glanant dans ses homélies, ses allocutions et autres interventions, on a la surprise de récolter d'heureuses citations qui unissent l'Esprit et l'Église. « L'Esprit saint, dira-t-il lors de son voyage en Turquie, du 28 au 30 novembre 2014, est l'âme, la sève vitale de l'Église et de tout chrétien. » Ailleurs, il s'exclamera : « L'Église est le chef-d'œuvre du Saint-Esprit » ; ou sous une forme négative forte : « L'Église n'est pas une ONG car le vrai pouvoir c'est le service, promouvoir les droits et les devoirs de prendre part à la vie des sociétés. »

Le pape François, contrairement aux habitudes de ses prédécesseurs, qui pratiquaient plutôt les mises en garde et les dénonciations, se plaît à souligner les aspects positifs des évolutions pour fonder un dynamisme apostolique qui mobilise les fidèles pour transformer et changer la société. L'Église n'est pas faite pour elle-même mais pour le monde, pour l'humanité.

Toutefois, il attire vigoureusement l'attention sur les tentations du Synode des évêques sur la famille, en octobre 2014 (la formule est habile, il vise à l'évidence certains délégués fermement opposés à tout changement) :

> « Tentation du raidissement hostile, c'est-à-dire s'enfermer dans la lettre [...]. La tentation d'un angélisme destructeur [...] la tentation des timorés et aussi de ceux qu'on nomme les progressistes et les libéraux [...] de se plier à l'esprit mondain au lieu de le purifier et de le plier à l'Esprit de Dieu [...]. La tentation de se considérer non pas comme les gardiens de la foi mais les propriétaires et les maîtres, la tentation de négliger la réalité en utilisant une langue minutieuse et un langage pour dire tant de choses et ne rien dire. »

Plus tard, avec autorité, il demandera aux délégués trois choses : « oser, agir et tuer l'*ego* ».

Devant le Conseil européen à Strasbourg, le 25 novembre 2014, il alertera l'opinion mondiale et interpellera l'Europe en termes passionnés :

> « Où est ta vigueur ? dira-t-il. Où est ton idéalisme qui a inspiré et anobli ton histoire ? Où est ton esprit de curiosité et d'entreprise ? Il faut avoir confiance en

> l'homme, non pas tant comme citoyen, comme sujet économique, mais en l'homme comme personne dotée d'une dignité transcendante. »

Ce mot « dignité » reviendra dix-sept fois dans son discours. Prenant de la hauteur, il attirera l'attention des députés sur l'endormissement et les lenteurs de l'institution. Partout où il passe, partout où il se trouve, ce dévot de l'Esprit saint se fait le promoteur de l'ouverture, de la mobilisation pour changer les rapports entre les riches et les pauvres. N'est-ce pas là la mise en route vers des temps nouveaux, temps de l'Esprit, en dépit des obstacles que dressent les cardinaux et les évêques qui pratiquent au Synode et ailleurs le conservatisme et le fixisme ?

Le pape François prend la mesure des problèmes cruciaux et universels posés par les mutations actuelles de la planète, mutations d'une rapidité vertigineuse : voyages et échanges internationaux, circulation médiatique des informations, Internet, transferts d'argent dans les paradis fiscaux, argent virtuel, flux migratoires des États totalitaires et des populations dépourvues du minimum vital…

Le pape François, venant d'Argentine, voisine des États-Unis, connaît bien les conséquences désastreuses du consumérisme, du productivisme, de l'individualisme et du sécularisme. L'homme a éteint ou mis en sommeil les aspirations à un au-delà de lui-même. Le « moi » est roi !

Plus que jamais dans l'histoire de l'humanité, et en si peu de temps, les recherches et les découvertes s'accroissent et se multiplient. Les chercheurs et les techniciens des nanosciences (du grec *nanos*, nain) travaillent dans leurs laboratoires sur l'infiniment petit (il n'y a pas encore de véritable définition des nanosciences) tandis que de leur côté, les passionnés de l'espace œuvrent dans leurs observatoires afin d'envoyer la sonde Rosetta sur la comète qui donnera des informations aux terriens sur ce qu'elle est et de quoi elle est faite, sonde qui prend un repos de quelques mois pour capter l'énergie solaire au pied d'une falaise et qui, reposée, reprendra son travail, puis disparaîtra on ne sait comment.

Deux journalistes renommés, Monique Atlan et Roger-Pol Droit, ont parcouru le monde pour faire un inventaire des recherches et des découvertes des laboratoires aux États-Unis, en Europe et ailleurs. Ils rendent compte de leurs résultats dans un livre tout à la fois passionnant et inquiétant[1] : Ils écrivent sur des réalités qui, il y a peu encore, était matière à science-fiction. Ils se font les témoins et les rapporteurs d'un « bouleversement total ».

> « Implanter, disent-ils, dans notre cerveau des extensions de mémoire, des bases de données, des outils de calcul ou d'aide à la décision, reprogrammer nos cellules pour éviter la maladie, la déficience ou l'usure des organes, relier directement notre organisme aux systèmes informatiques, réguler son fonctionnement en permanence, hybrider corps et machines, reculer les limites de l'existence, transformer la succession des générations, les identités sexuelles, tout cela devenu envisageable. Et la liste s'allonge de ces métamorphoses qui pourraient faire disparaître l'humain classique. »

Ils concluent, voilà qui est surprenant et fait plonger dans la perplexité :

---

1. Monique Atlan et Roger-Pol Droit, *Humain : Une enquête philosophique sur ces évolutions qui changent nos vies*, Flammarion, 2012.

> « Cet humain-là, demain, aura-t-il disparu ? Si advient cette rupture que certains prophétisent, émergeraient des êtres nouveaux, ni hommes ni machines, brouillant la frontière entre corps biologiques et systèmes électroniques. Alors le vieil homme, celui que nous sommes tous, ne serait plus que souvenir, histoire ancienne, objet d'archéologie. »

Les sciences occuperaient-elles tout le terrain ? Les savants seraient-ils tout-puissants ? Se substitueraient-ils à tout « esprit » quel qu'il soit ? Plus aucune transcendance et pas davantage de morale et d'éthique ?

Quoi qu'il soit, tout observateur attentif repère des semblables qui rêvent d'ailleurs, qui aspirent à plus qu'eux-mêmes, surtout à certaines étapes de l'existence ; la naissance, la maladie, le malheur, le mariage, l'amour, la mort... Les mutations et les changements de tous ordres comportent des aspects positifs. Un appel souvent répété par le pape François invite à les valoriser et à les mobiliser pour créer des conditions meilleures de vie, pour remédier par la solidarité à la détresse d'un nombre croissant de pauvres alors que les richesses dans le monde s'accroissent.

Les médias, dont on dénonce souvent le pessimisme, prennent de plus en plus en considération les initiatives d'aide, et cela pas seulement quand surviennent des catastrophes. Le souffle de l'Esprit anime les peuples. Nous vivons probablement des temps exceptionnels.

La foi en l'homme devient une des convictions majeures. Les êtres humains naissent et grandissent au fur et à mesure qu'ils sont des sujets conscients, conscients de leur dignité et de leur liberté. En eux, se fait entendre une voix qui confine à l'infini, qui aspire à l'absolu. L'homme, c'est sa spécificité, est conscient qu'il y a en lui quelque chose de plus grand que lui, de plus vaste que lui, de plus haut et de plus profond que lui. En lui, des graines germent, croissent, fleurissent et portent du fruit, ce fruit qui n'est autre que le bonheur d'être homme : être fait d'humain et de divin. Réalité qui échappe à tout ce qu'il peut imaginer, qui est plus grand que tout ce qu'il peut concevoir. L'homme est à lui-même un mystère, le mystère qui rejoint le mystère des mystères, l'Esprit qui réunit en chacun ce qu'il y a d'humain et de divin. L'intelligence humaine se confronte à l'Esprit, le réel transcendant que les chrétiens nomment le Saint-Esprit. En la personne de Jésus se confrontent l'intelligence humaine et l'Esprit saint dont le référent absolu est son Père, l'Un Unique.

Le phénomène de la sécularisation qui fait peur aux hiérarchies de toutes les religions (car elles craignent d'être dépossédées de leur savoir et de leur pouvoir) distingue et unit le fini et l'infini, l'inachevé et la plénitude, le corps et l'âme, ce qui est de l'ordre de la matière et ce qui est de l'ordre de l'esprit, la matière et le spirituel.

La sécularisation ainsi conçue est une grâce, une chance de vie et de survie pour toutes les croyances. Ne fait-elle pas remonter chacune, jusqu'à la source première et dernière, l'Esprit ?

L'iconographie religieuse des XVe et XVIe siècles représente l'Arche de Noé sous la forme d'un temple circulaire qui vogue sur les flots.

Noé, à la proue de l'embarcation, tient en sa main une colombe qui porte en son bec un rameau d'olivier. Les eaux du déluge se retirent.

L'humanité commence une vie nouvelle. Paraît un monde nouveau. Le rameau de la Paix !

PRIÈRE À L'ESPRIT

Esprit
Souffle des espaces primordiaux
Qui fait surgir du chaos
Et le ciel et la terre des hommes
Viens !

Esprit
Source des Origines
Des commencements
Et des recommencements
Viens

Esprit
Tu nous fais quitter la rive
Et nous emmène vers les contrées lointaines
Viens

Esprit
Brise des temps éternels
Qui murmure l'Indicible
Avec les sages, les prophètes et Jésus
Viens !

Esprit
Ramzin qui soulève le sable en poussière
Et façonne les dunes solitaires
Viens

Esprit
Blizzard qui fait s'envoler la neige
Et modèle les congères
Viens

Esprit
Braise au fond des consciences
Qui allume les libertés
Et réveille l'amour
Viens !

Esprit
De douce et transparente lumière
Souffle de Dieu
Et flamme d'humanité nouvelle
Viens !

H.V.

L'ENVOL

La colombe de Noé

L'iconographie chrétienne des XVe et XVIe siècles évoquaient sur une seule et même image deux mythes bibliques qui donnaient un vigoureux élan à l'imaginaire des fidèles.

Une tour qui menaçait ruine représentait la tour de Babel et aussi l'arche de Noé. C'est par une tour ronde qu'à l'époque on avait coutume de désigner cette embarcation.

Noé debout tenait en sa main une colombe, lui donnant la liberté de prendre son envol vers des terres nouvelles. Les eaux du déluge s'étaient retirées, un monde nouveau apparaissait. Inauguration simple et solennelle de Temps nouveaux !

Les deux mythes : la tour de Babel avec son brouillage des langues, châtiment des folles prétentions des humains, et Pentecôte avec la descente de langues de feu sur les apôtres racontent l'action de l'Esprit saint au long de l'histoire de l'humanité, le conflit permanent entre le Mal et le Bien.

L'Esprit en sort vainqueur.

La colombe, libre, prend son envol et plane sur l'Univers immense.

TABLE

CET OUVRAGE A ÉTÉ COMPOSÉ
PAR ATLANT'COMMUNICATION
AU BERNARD (VENDÉE).

POUR LE COMPTE DES ÉDITIONS SALVATOR.

Imprimé en France par N.R.I. s.a.s.
N° d'impression : 1501332
Dépôt légal : avril 2015